隙間時間の大活用で
Part7が得点源になる！

TOEIC® L&R TEST
長文読解問題集

TARGET 600

音声
ダウンロード
付

600

野村知也
Nomura Tomoya

Jリサーチ出版

● はじめに

TOEIC® L&Rテストで600点を突破するために必要な読解力、語彙力、試験力を効率よく身に付ける

　本書はTOEIC® L&Rテストの長文読解パートである Part 7 を攻略するための対策書です。600点を突破するために必要なスキルを効率よく身に付けていただくために、本番の Part 7 よりも問題数の多い21セット72問で構成されています。

　Part 7 はTOEIC® L&Rテストの中で最も読解力が試されるパートです。普段、漠然と Part 7 の演習問題を解いて、結果に一喜一憂して学習を終わらせているようでは、いつまでたってもスコアアップは望めません。解法のポイントを意識しながら問題に取り組み、解説から正解に至る思考プロセスを学び、そのスキルが自分のものになるまで繰り返し復習することが大事です。

　本書では、それを可能にする様々な工夫を施しています。問題を解く前に「キーワードをチェック」で語彙を確認し、「意識すべきポイントをチェック」で事前にどのようなアプローチで解答すべきか確認してから実際の問題に取り組むことで、Part 7 の解法を効率良く身に付けることができるようになっています。「3ステップ解説」では、正解を導くための思考プロセスを3段階に分けてわかりやすく説明しています。また、本文と選択肢の間のパラフレーズ（表現の言い換え）や、他の選択肢が不正解になる理由を学びながら論理的思考力が自然と鍛えられるようになっています。さらに「スコアアップのポイント」では、スコアアップに役立つさまざまな知識

を学ぶことができます。

　各ページの上部にある **「ミニクイズ」** では、本書に登場する重要フレーズをランダムにクイズ形式で予習・復習することができるようになっています。また、TOEICのための学習によって得た知識を実際のビジネスでも生かせるよう、本書に掲載されている文章からコミュニケーションに役立つ便利な表現を抜粋して **「ビジネスメールで使える表現」**、**「チャットで使える表現」** として紹介してあります。

　また、復習を効率化するための工夫として、「キーワードをチェック」、「3ステップ解説」、「スコアアップのポイント」で紹介されている単語・フレーズは付属の赤シートで文字が消えるようにしてあります。「キーワードをチェック」では英→日で、「3ステップ解説」と「スコアアップのポイント」では日→英で瞬時に意味やフレーズを思い浮かべる力を養うことができます。ぜひ復習の際に役立ててください。

　最後に、本書によって皆さんが読解力、語彙力、試験力を身に付け、Part 7 を得点源としてTOEIC ® L&Rテストで600点の壁を突破されることを心より願っています。

野村知也

目次

Part 7 の問題構成＆攻略法はこれだ！

本書の使い方

STEP 1 語彙をチェックする

「キーワードをチェック」であらかじめ本文に登場する語彙を確認してから問題に
取り組むことで、実際の文章の中で瞬発的に語句の意味を捉える力を養います。

■特に重要な語句には
★がついています

■発音記号の上には
カタカナを表記

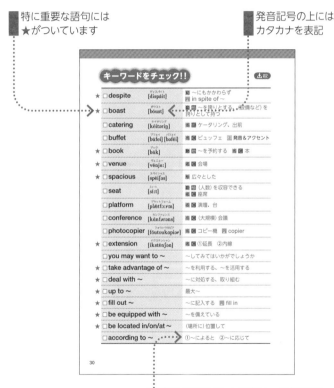

キーワードをチェック!!　　　　　　　　　　　　🔊02

★ □despite	ディスパイト [dispáit]	前 ～にもかかわらず 同 in spite of ～
★ □boast	ボウスト [bóust]	動 自 ～を誇りとする、（設備など）を誇りとして持つ
□catering	ケイタリング [kéitəriŋ]	名 動 ケータリング、出前
□buffet	バフェイ バフェイ [búfei] [bəféi]	名 形 ビュッフェ 注 発音＆アクセント
★ □book	ブック [búk]	動 自 ～を予約する 名 形 本
★ □venue	ヴェニュー [vénju:]	名 形 会場
★ □spacious	スペイシャス [spéiʃəs]	形 広々とした
□seat	スィート [síːt]	動 名 (人数) を収容できる 名 形 座席
□platform	プラットフォーム [plætfɔːrm]	名 形 演壇、台
□conference	カンファレンス [kánfərəns]	名 形 (大規模) 会議
□photocopier	フォウトウカピアァ [fóutoukɑpiər]	名 形 コピー機 同 copier
★ □extension	イクステンション [iksténʃən]	名 形 ①延長　②内線
□you may want to ～		～してみてはいかがでしょうか
★ □take advantage of ～		～を利用する、～を活用する
★ □deal with ～		～に対処する、取り組む
★ □up to ～		最大～
★ □fill out ～		～に記入する 同 fill in
★ □be equipped with ～		～を備えている
★ □be located in/on/at ～		(場所に) 位置して
□according to ～		①～によると　②～に応じて

30

■赤字で表記された語句は、付属の赤シートを重
ねると消えるので暗記学習に活用してください

※語彙に自信のある方、本番のテストと同様に問題に臨みたい方は「キーワードをチェッ
ク」を後回しにしても構いません。

6

本書は、1セット（1題）ごとに正解・解説をチェックできるスタイルを採用しています。忙しい社会人の方や、他の学習にも時間を割かなければならない学生の皆さんが、**スキマ時間に効率よく学習できるように設計**されています。

【凡例】

動	動詞	他	他動詞（直後に目的語を取ることができる動詞）
		自	自動詞（直後に目的語を取ることができない動詞）
名	名詞	C	可算名詞（数えられる名詞）
		UC	不可算名詞（数えられない名詞）
		単	常に単数形で使う名詞
		複	常に複数形で使う名詞
		集	集合名詞（同じ種類のものがいくつか集まった1つの集合体を表す名詞）

形	形容詞	名詞を形容する詞（ことば）
副	副詞	動詞、形容詞、副詞、文などに意味を副える詞（ことば）
前	前置詞	名詞の前に置かれる詞（ことば）
接	接続詞	文と文を接続する詞（ことば）

同	同義語	同じ意味を持つ語句
類	類義語	近い意味を持つ語句
関	関連語	関連する語句
反	反意語	反対の意味を持つ語句

注	注意点	
参	参考情報	

解法のポイントをチェックする

「意識すべきポイントをチェック」で事
前に解法のポイントを押さえたうえで
問題に臨むことで、**本番のテストで効
率よく解答できる試験力**を養います。

send a r------- 履歴書を送る

意識すべきポイントをチェック!!

① 設問数&文書タイプの確認
Questions 1-2 refer to the following **Web page.**
Point ウェブページで誰が何を伝えているのかを意識しながら読む。

② レイアウトの確認

タイトル

----------------------.
-----------------------------.
--------------------------------------.

Point 内容やトピックを一言で言い表している**タイトル**を確認する。
Point 2つの段落で構成されていることを確認する。

戦略 設問数、段落数を考慮して、第1段落を読んで設問1、第2段落を読んで設問2に解答できないかトライ!

③ 設問文の確認
1. What is **suggested** about ...?
Point 設問で問われている内容（要点）を記憶する。**suggested** なので、推測して答える問題であることを意識する。

④ 本文を読む

タイトル
第1段落を全て読む

⑤ 選択肢の確認
1. What is **suggested** about ...?
Point 本文の内容の言い換えや誤答の選択肢のひっかけに注意しながら設問1の選択肢を確認して正解を判断する。

⑥ 解答する
解答欄にマークする。

※設問2についても、同様に③～⑥を行う（④で読む段落は第2段落）

31

CHAPTER 1

CHAPTER 2

CHAPTER 3

「ミニクイズ」では、本書に登場する
重要フレーズがランダムに出題され、
予習復習に効果的! （次のページで
すぐに正解を確認できるのもポイント）

目標タイムを目安に時間を計りながら問題を解くことで、**本番のテストで解答ペースを意識して解くタイムマネジメント力**を養います。

前のページの「ミニクイズ」の正解はこちらに！

send a **résumé**

目標タイム **2** 分

Questions 1-2 refer to the following Web page.

🔊 03

http://www.sallywood-hotel.com

Sallywood Hotel in Kennip

Let the Sallywood Hotel make your next sales presentation or business meeting one to remember. Our hotel is only a ten-minute drive from Interstate 95. Despite its central location, the hotel boasts stunning natural views over Lake Kennip which is famous for its watersports activities. You may want to take advantage of Sallywood's catering services for a delicious buffet lunch, or book rooms for an overnight stay.

Our venue staff have years of experience dealing with various sizes of corporate events. The main hall can seat 200 guests, while our spacious meeting rooms hold up to 30 people. All rooms are equipped with projectors, screens, whiteboards, and microphones. Please fill out the form here and we will contact you for a detailed conversation about your needs.

32

スマホでダウンロードできる（→ P12 参照）音声のトラック番号です

※ 3 ステップ解説ページに印刷されている正解が透けて見えないよう、設問ページの次のページに付属の赤シートを差し込んだ状態で問題を解くことをお勧めします。

STEP 4 解説を読んで答え合わせをする

「3ステップ解説」を読んで、
読解力のベースとなる論理的思考力を養います。
3ステップ解説とは…

STEP1 設問で問われている内容を正しく理解する
STEP2 本文の中から正解の根拠となる箇所を見つける
STEP3 内容の言い換え（パラフレーズ）を見抜いて正解を選ぶ

TOEIC学習者によるモニターテストか
ら算出した正解率。難易度の目安に

STEP 5 スコアアップに役立つ知識を身に付ける

「スコアアップのポイント」を読み、TOEICという観点で大事な知識を
雪だるま式に身に付け、**語彙力**、**試験力**に更に磨きをかけます。

STEP 6 チェックボックスにチェックを付ける

各設問の下に〇△×のチェックボックスが3回分あります。自信を持って正解できた場合は〇、勘で選んで正解した場合は△、不正解だった場合は×にそれぞれチェックを付け、復習に役立てましょう。

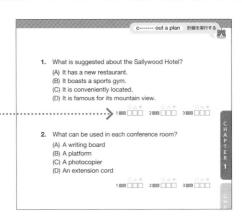

c------- out a plan　計画を実行する

1. What is suggested about the Sallywood Hotel?

   (A) It has a new restaurant.
   (B) It boasts a sports gym.
   (C) It is conveniently located.
   (D) It is famous for its mountain view.

   〇△×　　　〇△×　　　〇△×
   1回目 □□□　2回目 □□□　3回目 □□□

2. What can be used in each conference room?

   (A) A writing board
   (B) A platform
   (C) A photocopier
   (D) An extension cord

   〇△×　　　〇△×　　　〇△×
   1回目 □□□　2回目 □□□　3回目 □□□

CHAPTER 1

STEP 7 繰り返し復習する

STEP 6でチェックマークを付けた問題を中心に、
期間を空けて3回解くことで**知識の定着**を図ります。

また、「キーワードをチェック」、「3ステップ解説」、「スコアアップのポイント」で紹介されている語句を赤シートで隠して、
語句の意味や大事なフレーズを繰り返しチェックしてください。

本書を常に鞄の中に入れて持ち歩き、
ランダムに開いた右ページ上部の**「ミニクイズ」に挑戦**して
スコアアップに欠かせないフレーズ力を鍛えましょう。

無料ダウンロードについて

◆テキストデータ

本書に収録されている「キーワードをチェック！」の部分を、下記のサイトにて無料ダウンロードすることができます。復習等にお役立てください。

https://www.jresearch.co.jp/book/b520604.html

◆音声

キーワードをチェック（英語→日本語）および問題文（英語のみ）の音声が無料でダウンロードできます。ダウンロードの方法は、以下のとおりです。

STEP 1 インターネットで
https://audiobook.jp/exchange/jresearch にアクセス

★上記 URL を入力いただくか、Jリサーチ出版のサイト（https://www.jresearch.co.jp）内の「音声ダウンロード」バナーをクリックしてください。

STEP 2 表示されたページから、audiobook.jpの会員登録ページへ

★音声のダウンロードには、オーディオブック配信サービス audiobook.jp への会員登録（無料）が必要です。すでに会員登録を済ませている方は STEP 3 へ進んでください。

STEP 3 登録後、再度 STEP 1のページにアクセスし、
シリアルコード「24963」を入力後、「送信」をクリック

★作品がライブラリ内に追加されたと案内が出ます。

STEP 4 必要な音声ファイルをダウンロード

★スマートフォンの場合、アプリ「audiobook.jp」の案内が出ますので、アプリからご利用下さい。PCの場合は「ライブラリ」から音声ファイルをダウンロードしてご利用ください。

［ご注意］

- PCからでも、iPhone や Android のスマートフォンやタブレットからでも音声を再生いただけます。
- 音声は何度でもダウンロード・再生いただくことができます。
- ダウンロードについてのお問い合わせ先：**info@febe.jp**（受付時間：平日10〜20時）

※なお、各特典のご提供は、予告なく終了する場合がございます。

Part 7の問題構成&攻略法はこれだ!

● Part7の問題構成

問題数	**15セット54問**
解答時間	**約55分**(※)

※リーディングセクションの解答時間75分からPart5、6にかかる約20分を差し引いた時間

マルティプルパッセージ (MP)

シングルパッセージ (SP) (文書が1つ)	ダブルパッセージ (DP) (文書が2つ)	トリプルパッセージ (TP) (文書が3つ)
10セット29問	2セット10問	3セット15問

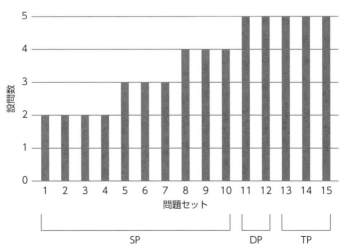

※SPの設問数の順番はテストによって多少入れ替わります

● Part7 の文書タイプと設問タイプ

Part 7 の問題は全て、文書タイプと設問タイプの組み合わせで考えることができます。

文書タイプ	×	設問タイプ

「文書タイプ」とは、各問題セットの一番上に記載される、文書の種類を表す語句のことです。**文書タイプによって本文を読む前に意識すべきポイントが異なる**ので、必ず最初にチェックするようにしてください。

例

Questions 147-148 refer to the following notice.

文書タイプ
= notice (お知らせ)

タイトル
----------------------------.----------------------.-----------
----------------.-----------------------------.

「設問タイプ」とは、それぞれの設問を内容に応じてカテゴリ分けしたものです。**設問タイプによって情報を読み取る上でのアンテナの張り方が変わってくる**ので、先に設問をチェックしてから本文を読み進めるようにしましょう。

例

147. What is the purpose of the notice?

設問タイプ
＝話題・目的を問う問題

(A) -------------------------------
(B) -------------------------------
(C) -------------------------------
(D) -------------------------------

● Part7 に出題される主な文書タイプと意識すべき点

❶ e-mail：メール

Part 7 に登場する文書の約1／4を占めます。内容は仕事に関する連絡、出張の手配、求人への応募、寄付の依頼など多岐にわたります。**誰がどんな目的で誰に対してメールを出しているのか意識しながら読む**ことが大事ですので、**必ず最初にヘッダー情報と署名をチェックする**ようにしてください。

例

To:	emma.johns79@gomail.com
From:	dunn-alex@covver-umbrella.co.ie
Date:	18 March
Subject:	Your purchase
Attachment:	🔗 Brochure

Dear Ms. Johns,

-------------------------------.-------------------.------
---------.---------------------------------.

Alex Dunn
Customer Service Agent

ヘッダー情報
To:　　　　送信先
From:　　　送信元
Date:　　　送信日
Subject:　　件名
Attachment: 添付物

署名
送信者の氏名、役職、会社名など

【送信先と送信元の記載】

送信先と送信元の記載は、メールによって以下の５つのケースに分かれます。

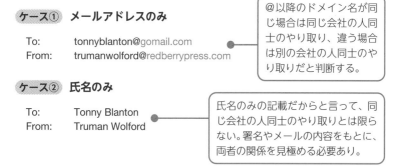

ケース① メールアドレスのみ

To:　　　　tonnyblanton@gomail.com
From:　　　trumanwolford@redberrypress.com

@以降のドメイン名が同じ場合は同じ会社の人同士のやり取り、違う場合は別の会社の人同士のやり取りだと判断する。

ケース② 氏名のみ

To:　　　　Tonny Blanton
From:　　　Truman Wolford

氏名のみの記載だからと言って、同じ会社の人同士のやり取りとは限らない。署名やメールの内容をもとに、両者の関係を見極める必要あり。

ケース③ 氏名＋メールアドレス

To:	Tonny Blanton <tonnyblanton@gomail.com>
From:	Truman Wolford <trumanwolford@redberrypress.com>

ケース④ グループ名や部署名など

To:	All Staff
From:	Personnel Department ●

> 送信先にグループ名が記載されている場合は、そのグループに属する複数の人に対してメールが送信されていることを意識する。

ケース⑤ 氏名＋役職名

To:	All Geo Technologies Employees ●
From:	Truman Wolford, Office Manager

【添付ファイルに注意！】

Part 7 では、**添付ファイルに関する設問がよく出題されます**。文書タイプが e-mail の場合はまずヘッダーで添付ファイルの有無を確認するようにしましょう。添付ファイルが存在する場合は、本文で Please find attached 〜．（添付の〜をご確認ください）や、〜 is attached.（〜が添付されています）といった記載に注意してください。

また、本文でウェブサイトを参照するよう案内されることもよくあります。その場合は**誰が何のためにウェブサイトを参照するよう促されているのかを読み取ろうと意識する**ことが大事です。

❷ article：記事

記事は Part 7 の中盤から終盤にかけてよく登場します。内容は企業合併の話や町の紹介、店主やアーティストの経歴紹介など多岐にわたります。**ストーリーを追うことが大事**ですので、パラグラフ（段落）ごとに頭の中で内容を整理しながら読み進めるようにしましょう。少し難しめの語句が登場することもありますが、**知らない単語が出てきた場合は文脈から推測して意味を補う**ようにしましょう。ただし、本番で知らない単語があまりにも多すぎて全く歯が立たないと感じたら、諦めて次のセットに進む方が賢明です。

例

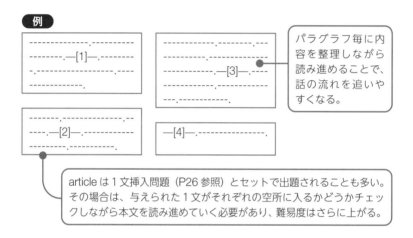

パラグラフ毎に内容を整理しながら読み進めることで、話の流れを追いやすくなる。

article は 1 文挿入問題（P26 参照）とセットで出題されることも多い。その場合は、与えられた 1 文がそれぞれの空所に入るかどうかチェックしながら本文を読み進めていく必要があり、難易度はさらに上がる。

❸ Web page：ウェブページ

ウェブページで紹介されるのは、主に会社やお店のサービスです。**タブに書かれている情報が正解のヒントになる**こともあります。タブが表示されている場合は必ず確認するようにしましょう。

例

選択されているタブ

タブ

　広告の内容はお店の商品やサービスの紹介、人材募集などです。**誰が何のために広告を出しているのかを意識しながら読む**ことが大事です。２大トピックである商品・サービス広告と求人広告においてそれぞれ意識すべきポイントを以下に挙げます。

商品・サービス広告

- 広告されている商品・サービスは何か
- 商品・サービスの特長は何か
- お得な情報（割引など）は案内されているか

求人広告

- 募集している職は何か
- 必須条件は何か
- 優遇条件は何か
- 応募書類（要提出物）は何か
- 応募先はどこか
- 応募期限はいつか

　内容はイベントへの招待、契約に関するお知らせ、申請承認の通知などです。**誰がどんな目的で誰に対して手紙を出しているのかを意識する**ことが大事です。必ず最初にレターヘッド、宛先、署名をチェックするようにしましょう。

例

ABC Manufacturing
XXX

XXXXXX
XXXXXX

Dear XXX,

--.----------------------
--------.--------------------.-----------.

Sincerely,

Victor Whaley
ABC Manufacturing

レターヘッド
手紙の書き手の会社名、住所など

宛先
手紙の送り先の氏名、住所など

署名
手紙の書き手の名前、役職、会社名など

❻ text-message chain：テキストメッセージのやり取り

　スマートフォンまたはタブレットコンピューター上でのメッセージのやり取りです。会社の同僚同士による１対１のやり取りが多いということを覚えておきましょう。

　テキストメッセージのやり取りでは、以下の３つの点を意識しながら読むことが大事です。

> ①**やり取りの内容**（トピック）
> ②**やり取りしている人たちの職業と関係性**（上司と部下など）
> ③**意図問題**（P25 参照）**の該当箇所**（タイムスタンプと書き込み）

例

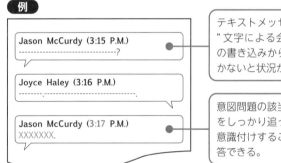

Jason McCurdy (3:15 P.M.)
-----------------------------------?

Joyce Haley (3:16 P.M.)
--------.-------------------------------.

Jason McCurdy (3:17 P.M.)
XXXXXXX.

> テキストメッセージのやり取りは"文字による会話"なので、最初の書き込みから順を追って見ていかないと状況がつかめなくなる。

> 意図問題の該当箇所めがけて文脈をしっかり追って読んでいこうと意識付けすることで、効率よく解答できる。

❼ notice：お知らせ

　お知らせの内容は、店舗の改修、営業時間の変更、システムメンテナンス、イベント、求人などさまざまです。**誰が何のためにお知らせを出したのかを意識しながら読む**ことが大事です。

❽ form：フォーム

　フォーム（用紙）は、用途によってアンケートフォーム、注文フォーム、応募フォーム、問い合わせフォーム、評価フォーム、コメントフォームなどに分かれます。**誰が何のためにフォームを書いたのかを意識しながら読む**ことが大事です。

❾ online chat discussion：オンラインチャットの話し合い

　主にパソコン上での3〜4名によるチャットのやり取りです。内容はプロジェクトの進捗状況や To Do の確認、プレゼンテーション資料やパンフレットのデザインなどについてのディスカッション、その他情報共有など多岐にわたります。

　テキストメッセージのやり取り同様、**オンラインチャットの話し合いでは、以下の3つの点を意識しながら読む**ことが大事です。

> ①やり取りの内容（トピック）
> ②やり取りしている人たちの職業と関係性（上司と部下など）
> ③意図問題（P25 参照）の該当箇所（タイムスタンプと書き込み）

例

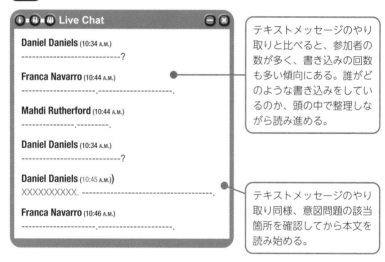

Live Chat

Daniel Daniels (10:34 A.M.)
-----------------------------?

Franca Navarro (10:44 A.M.)
----------------------.----------------------.

Mahdi Rutherford (10:44 A.M.)
----------------.----------.

Daniel Daniels (10:34 A.M.)
-----------------------------?

Daniel Daniels (10:45 A.M.))
XXXXXXXXXX. -------------------------------.

Franca Navarro (10:46 A.M.)
----------------------.----------------------.

テキストメッセージのやり取りと比べると、参加者の数が多く、書き込みの回数も多い傾向にある。誰がどのような書き込みをしているのか、頭の中で整理しながら読み進める。

テキストメッセージのやり取り同様、意図問題の該当箇所を確認してから本文を読み始める。

❿ review：レビュー

　レビューの内容は、レストランや家具店などお店に対する批評、商品に対する批評、本の批評などです。**誰が何のレビューを書いているのかを意識しながら読む**ことが大事です。特に、**満足している点、不満に思う点、改善点、要望は設問で問われやすい**ということを押さえておいてください。

● Part7 に出題される設問タイプと意識すべき点

❶ 詳細問題

本文で述べられている具体的な情報を答える問題です。**設問中のキーワードをもとに、本文の中から正解の根拠をいかに早く見つけられるかがポイントです**。多くの場合、正解の根拠は１箇所で述べられていますが、文書内で複数の情報を紐づけて解答しなければならないケースもあります。

例

---------------------------------------.-----------------------------------
-----------------------------. We are offering 10% off on any purchase
you made on May 10. ---.

What will be offered on May 10?

(A) -----------------------------
(B) A discounted rate ●
(C) -----------------------------
(D) -----------------------------

設問にある May 10 や offered をキーワードに本文を読み進め、本文の記載を根拠に正解を確定させる。

本文で述べられている情報をもとに推測して答える問題です。**正解のヒントが本文にハッキリとは書かれていないことも多く、ある程度推測して答える**必要があります。

設問に implied, suggested, most likely, probably が使われていたら推測問題です。

> What is **implied** about ...?
>
> What is **suggested** about ...?
>
> What is **most likely** true about ...?
>
> What is **probably** true about ...?

推測問題だからといって**自分勝手な推測は禁物**です。あくまで**本文に書かれている情報をもとに、妥当な推測をする**よう心がけてください。

例

Dear Ms. Chang

------------------------------.-------------------------------------
---. Please inform all of your factory workers about the inspection. ---
---.

Who most likely is Ms. Chang?
(A) ------------------------------
(B) ------------------------------
(C) ------------------------------
(D) A factory manager ●

本文のこの記述から、Chang さんは工場の管理者だと推測できる。(D) が正解だ。

❸ 話題・目的を問う問題

What is the purpose of the article?（記事の目的は何ですか）や、What is the article mainly about?（主に何に関する記事ですか？）といった、文書が書かれた目的やテーマに関する問題です。文書の目的やテーマは第1段落を読めばわかることも多いですが、**大事なことは段落に関係なく正解の根拠となる記述や情報が出てくるまで読み進めること**です。

また、What is the purpose of ...?（…の目的は何ですか）と、What is a purpose of ...?（…の目的の1つは何ですか）では、意識すべき点が異なるので注意してください。

例

What is the purpose of the e-mail?　　What is a purpose of the e-mail?

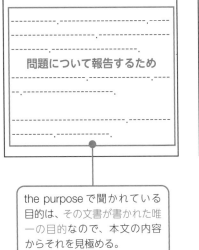

問題について報告するため

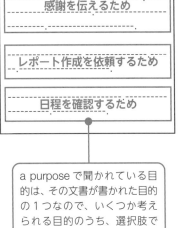

感謝を伝えるため

レポート作成を依頼するため

日程を確認するため

the purpose で聞かれている目的は、その文書が書かれた唯一の目的なので、本文の内容からそれを見極める。

a purpose で聞かれている目的は、その文書が書かれた目的の1つなので、いくつか考えられる目的のうち、選択肢で述べられているものを選ぶ。

❹ 同義語問題

指定された語句と言い換え（パラフレーズ）可能なものを選ぶ問題です。ターゲットとなる語句に複数の意味がある場合は、**その文脈での意味を特定する**ことが大事です。選んだ選択肢の語句を**実際に本文に当てはめてみて文意が成り立つか、違和感がないかをチェック**しましょう。

　大文字のNOTを含む問題です。本文と内容が合わない選択肢を1つ選びます。**本文と選択肢の照合作業**をどれだけ時間をかけずに行えるかがポイントとなります。NOT問題は、以下のように参照範囲が段落をまたぐケースと、特定の段落内に限定されるケースに分かれます。

例

①参照範囲が段落をまたぐケース　　②参照範囲が特定の段落内のケース

(B) に関する記載 -------------.---------------- --------.-------------------.--------- ----------------------. 　　　**(A) に関する記載** ------------.------------------ ---------.----------------- -----------------------. **(D) に関する記載** ------------------------------ --------------------------- -------.--------------------.	---------------.--------------- -------.-------------------. 　　**(B) に関する記載** --------------.---------- --------------.------(C) に関する記載 ----------------------.--------- ------------------.--------- ---------.---------------------- ----------------. **(D) に関する記載** ---------------------------.------ ---------------------.

189. What is NOT indicated about ...?

　　(A) ------------------------------.
　　(B) ------------------------------.
　　(C) ------------------------------.
　　(D) ------------------------------.

　　　　　　●

(A) は第2段落、(B) は第1段落、(D) は第3段落にそれぞれ記載があるので、本文に記載のない (C) が正解。

189. What is NOT a requirement of ...?

　　(A) ------------------------------.
　　(B) ------------------------------.
　　(C) ------------------------------.
　　(D) ------------------------------.

　　　　　　●

(B) は第2段落1行目、(C) は第2段落3〜4行目、(D) は第2段落5行目にそれぞれ記載があるので、本文に記載のない (A) が正解。

❻ 意図問題

text-message chain と online chat discussion 特有の問題で、ある書き込みに対する書き手の意図が問われます。例えば "I got it." というコメントからは、「相手の話を理解した」「ある物を手に入れた」「ある事を成し遂げた」といった意図が考えられるため、**正解を特定するには前後の文脈を読み取る**必要があります。

例

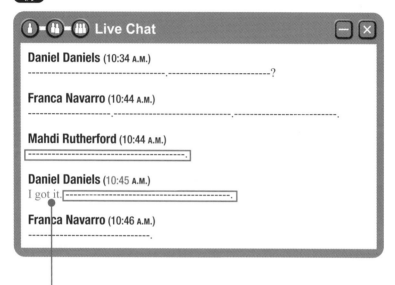

Daniel Daniels (10:34 A.M.)
-------------------------------------.--------------------------?

Franca Navarro (10:44 A.M.)
----------------------.-----------------------------.----------------------.

Mahdi Rutherford (10:44 A.M.)
---.

Daniel Daniels (10:45 A.M.)
I got it.--.

Franca Navarro (10:46 A.M.)
-------------------------------.

文脈を踏まえたうえで、特に直前と直後の書き込みとの繋がりを考えて "I got it" が表す意味を判断する。

与えられた1文を挿入する本文の適切な箇所を選ぶ問題です。**先に1文を
チェックしてから本文を読み進め、[1] ～ [4] の空所が登場するたびに1文
を当てはめてみて、前後とうまく文意がつながる場所を特定する**ようにしま
しょう。また、**正解を特定する上で大きなヒントとなるキーワードが1文に
含まれていることがある**ので、それを見逃さないようにしましょう。

例

------------------[1]—.--.

-------------------------------------—[2]—.---------------------------.

-------------------------------------.

—[3]—.---
--. —[4]—.---------------
---.

---

158. --------------------------------?
   (A) ---------------------------
   (B) ---------------------------
   (C) ---------------------------
   (D) ---------------------------

159. --------------------------------?
   (A) ---------------------------
   (B) ---------------------------
   (C) ---------------------------
   (D) ---------------------------

160. In which of the positions marked
[1], [2], [3], and [4] does the
following sentence best belong?

"XXXXXXXXXXXXXXXXXXXXX."

   (A) [1]
   (B) [2]
   (C) [3]
   (D) [4]

> 1文挿入問題の1文は、
> 本文を読む前にチェッ
> クして、内容とキー
> ワードを押さえる。

1文に含まれる主なキーワード

代名詞	this, that, it, they, these など
接続副詞	however（しかしながら）、for example（例えば）など
時を表す副詞	then（その時）、at that time（その時、当時）、last year など
場所を表す副詞	there（そこで）など
順序を表す副詞	then（それから、その次に）など
その他副詞	also（～もまた、同様に）など

❽ クロスリファレンス問題

　ダブルパッセージ問題とトリプルパッセージ問題だけに出題される、文書間で情報を結び付けて答える問題です。その設問がクロスリファレンス問題かどうかは見た目だけでは判断できません。**1 つの文書だけでは正解が判断できないと思ったら、解答を一旦保留して残りの文書を読み進め、文書間で情報を紐づけて考える**ことが大事です。ダブルパッセージ問題では 1 〜 2 問、トリプルパッセージ問題では 2 〜 3 問出題されます。

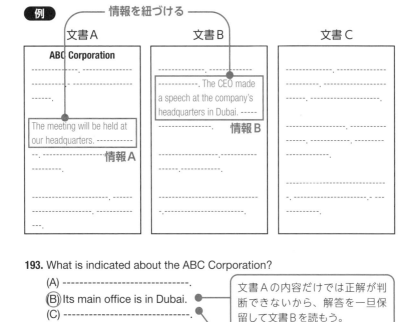

193. What is indicated about the ABC Corporation?

　　(A) -------------------------------.
　　(B) Its main office is in Dubai.
　　(C) -------------------------------.
　　(D) -------------------------------.

> 文書Ａの内容だけでは正解が判断できないから、解答を一旦保留して文書Ｂを読もう。

> 文書Ａの情報Ａと、文書Ｂの情報Ｂから、本社はドバイにあると判断できるから、(B) が正解だ。

　トリプルパッセージにおけるクロスリファレンスのパターンは、①文書ＡとＢ、②文書ＢとＣ、③文書ＡとＣ、④文書ＡとＢとＣの４つですが、④のパターンの出題は少ないです。

● Part7 の解法

Part 7 の問題は基本的に以下の手順で解きます。

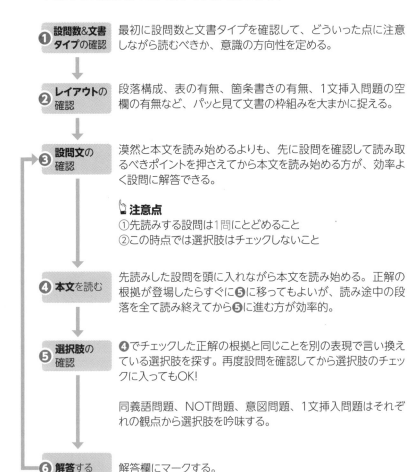

①設問数&文書タイプの確認 最初に設問数と文書タイプを確認して、どういった点に注意しながら読むべきか、意識の方向性を定める。

②レイアウトの確認 段落構成、表の有無、箇条書きの有無、1文挿入問題の空欄の有無など、パッと見て文書の枠組みを大まかに捉える。

③設問文の確認 漠然と本文を読み始めるよりも、先に設問を確認して読み取るべきポイントを押さえてから本文を読み始める方が、効率よく設問に解答できる。

👆**注意点**
①先読みする設問は1問にとどめること
②この時点では選択肢はチェックしないこと

④本文を読む 先読みした設問を頭に入れながら本文を読み始める。正解の根拠が登場したらすぐに❺に移ってもよいが、読み途中の段落を全て読み終えてから❺に進む方が効率的。

⑤選択肢の確認 ❹でチェックした正解の根拠と同じことを別の表現で言い換えている選択肢を探す。再度設問を確認してから選択肢のチェックに入ってもOK!

同義語問題、NOT問題、意図問題、1文挿入問題はそれぞれの観点から選択肢を吟味する。

⑥解答する 解答欄にマークする。

※設問数分、❸〜❻を行う（❹で読む箇所（段落）は必要に応じて先に進める）

SP

シングルパッセージ

2〜3問タイプ

★	□ despite	ディスパイト [dispáit]	前 ～にもかかわらず 同 in spite of ～
★	□ boast	ボウスト [bóust]	動 他 ～を誇りとする、（設備など）を誇りとして持つ
	□ catering	ケイタリング [kéitəriŋ]	名 UC ケータリング、出前
	□ buffet	ブフェイ バフェイ [búfei] [bəféi]	名 C ビュッフェ 注 発音&アクセント
★	□ book	ブック [búk]	動 他 ～を予約する 名 C 本
★	□ venue	ヴェニュー [vénju:]	名 C 会場
★	□ spacious	スペイシャス [spéiʃəs]	形 広々とした
	□ seat	スィート [sí:t]	動 他 （人数）を収容できる 名 C 座席
	□ platform	プラットフォーム [plǽtfɔ:rm]	名 C 演壇、台
	□ conference	カンファレンス [kánfərəns]	名 C （大規模）会議
	□ photocopier	フォウトウカピアァ [fóutoukɑpiər]	名 C コピー機 同 copier
★	□ extension	イクステンシャン [iksténʃən]	名 C ①延長 ②内線
	□ you may want to ～		～してみてはいかがでしょうか
★	□ take advantage of ～		～を利用する、～を活用する
★	□ deal with ～		～に対処する、取り組む
★	□ up to ～		最大～
★	□ fill out ～		～に記入する 同 fill in
★	□ be equipped with ～		～を備えている
★	□ be located in/on/at ～		（場所に）位置して
	□ according to ～		①～によると ②～に応じて

30

意識すべきポイントをチェック!!

① 設問数&文書タイプの確認

Questions **1-2** refer to the following **Web page**.

Point ウェブページで誰が何を伝えているのかを意識しながら読む。

② レイアウトの確認

```
                          タイトル
---------------------------------------------.--------------------
--------.-------------------------.

-----------------.----------------------------------------------.
---------------------------------------.
```

Point 内容やトピックを一言で言い表している**タイトルを確認**する。
Point **2つの段落**で構成されていることを確認する。

戦略 設問数、段落数を考慮して、第1段落を読んで設問1、第2段落を読んで設問2に解答できないかトライ!

③ 設問文の確認

1. What is **suggested** about ...?

Point 設問で問われている内容（要点）を記憶する。**suggested**なので、推測して答える問題であることを意識する。

④ 本文を読む

```
                          タイトル
---------------------------------------------------------------
--------.-------------------------.        第1段落を全て読む

-----------------.----------------------------------------------.
---------------------------------------.
```

⑤ 選択肢の確認

1. What is **suggested** about ...?

Point 本文の内容の言い換えや誤答の選択肢のひっかけに注意しながら**設問1の選択肢を確認**して正解を判断する。

⑥ 解答する

解答欄に**マーク**する。

※設問2についても、同様に**③**〜**⑥**を行う（**④**で読む段落は第2段落）

目標タイム②分

Questions 1-2 refer to the following Web page.

   http://www.sallywood-hotel.com ☒

Sallywood Hotel in Kennip

Let the Sallywood Hotel make your next sales presentation or business meeting one to remember. Our hotel is only a ten-minute drive from Interstate 95. Despite its central location, the hotel boasts stunning natural views over Lake Kennip which is famous for its watersports activities. You may want to take advantage of Sallywood's catering services for a delicious buffet lunch, or book rooms for an overnight stay.

Our venue staff have years of experience dealing with various sizes of corporate events. The main hall can seat 200 guests, while our spacious meeting rooms hold up to 30 people. All rooms are equipped with projectors, screens, whiteboards, and microphones. Please fill out the form here and we will contact you for a detailed conversation about your needs.

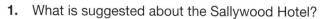

c------- out a plan   計画を実行する

1. What is suggested about the Sallywood Hotel?

    (A) It has a new restaurant.
    (B) It boasts a sports gym.
    (C) It is conveniently located.
    (D) It is famous for its mountain view.

            ○ △ ✕   ○ △ ✕   ○ △ ✕
1回目 ☐☐☐ 2回目 ☐☐☐ 3回目 ☐☐☐

2. What can be used in each conference room?

    (A) A writing board
    (B) A platform
    (C) A photocopier
    (D) An extension cord

            ○ △ ✕   ○ △ ✕   ○ △ ✕
1回目 ☐☐☐ 2回目 ☐☐☐ 3回目 ☐☐☐

CHAPTER 1

CHAPTER 2

CHAPTER 3

1-2番は次のウェブページに関するものです。

---

http://www.sallywood-hotel.com

サリーウッド・ホテル　ケニップ

サリーウッド・ホテルで、次回の販売プレゼンテーションやビジネス会議を記憶に残るものにしませんか。❶当ホテルは州間幹線道路95から車でわずか10分です。❷都心という立地にもかかわらず、当ホテルは水上スポーツで有名なケニップ湖を見渡せる魅力的な自然の眺めを誇りにしています。サリーウッドのケータリングサービスを利用して美味しいビュッフェ形式の昼食をとったり、ご宿泊の部屋を予約してみてはいかがでしょうか。

当ホテルの会場スタッフは、様々な規模の企業イベントに対応してきた長年の経験があります。メインホールには200名を、広々とした会議室には最大30名を収容することができます。❸プロジェクター、スクリーン、ホワイトボード、マイクは全室に備えられています。こちらのフォームにご入力いただければ、ご連絡差し上げたうえでお客様のご要望について詳細を確認させていただきます。

ビジネスメールで使える表現

You may want to take advantage of this opportunity.
(ぜひこの機会を利用してみてはいかがでしょうか。)

Q1. 正解 (C)　　　　　　　　　　　　　　正答率 ▸▸ 94%

3ステップ解説

STEP1 サリーウッド・ホテルについて推測されることを答える問題。

STEP2 第1段落3～4行目に Our hotel is only a ten-minute drive from Interstate 95. (和訳❶) とあるので、このホテルは車でアクセスしやすい場所にあると考えられる。また、続く Despite its central location (和訳❷) から、ホテルが街の中心部に位置していることもわかる。

STEP3 よって、ホテルが利便性のよい場所にあるという意味の (C) が正解。

設問の訳　**1.** サリーウッド・ホテルについて何が示唆されていますか?

(A) 新しいレストランがある。　　　　(B) 自慢のスポーツジムがある。
(C) 便利な場所にある。　　　　　　　(D) 山の眺めで有名だ。

✍ スコアアップ♪のポイント

店舗や施設について、本文に① **downtown**（**中心街、繁華街**）にある、② **highway**（**幹線道路**）から近い、③駅から **within walking distance**（**歩いて行ける距離にある**）と記載されている場合は、その建物は **be conveniently located**（**便利な場所に位置している**）と言うことができます。

Q2. 正解 (A)　　　　　　　　　　　　　　正答率 ▸▸ 92%

3ステップ解説

STEP1 各会議室で使用できるものを答える問題。

STEP2 会議で使用できる備品については、第2段落4～6行目に All rooms are equipped with projectors, screens, whiteboards, and microphones. (和訳❸) とある。

STEP3 このうち、whiteboards を a writing board と言い換えている (A) が正解。(B) の **platform** は「**演台**」、(C) の **photocopier** は「**コピー機**」、(D) の **extension cord** は「**延長コード**」という意味。

設問の訳　**2.** ウェブページによると、各会議室では何が利用できますか?

(A) 筆記用のボード　　　　　　　　　(B) 演台
(C) コピー機　　　　　　　　　　　　(D) 延長コード

✍ スコアアップ♪のポイント

施設で利用可能な備品は **be equipped with**（**～を備えている**）のあとに列挙されます。また、**Our hotel boasts an indoor pool and saunas.**（**当ホテルには屋内プールとサウナがあります**）のように、boast（〔設備など〕を誇りとして持つ）を使って設備を紹介することもよくあります。

C H A P T E R 1

C H A P T E R 2

C H A P T E R 3

an office **remodeling[renovation]**

キーワードをチェック!!

⬇04

□ hygiene	ハイジーン [háidʒi:n]	名 UC 衛生、衛生状態
★ □ follow	ファロウ [fálou]	動 他 (規則など) に従う
□ direction	ディレクシャン [dirékʃən]	名 C 方向 同 directions は「指示」という意味
★ □ inform	インフォーム [infɔ́:rm]	動 他 (人) に知らせる
★ □ immediately	イミーディエトリィ [imí:diətli]	副 すぐに
□ cooperation	コウアペレイシャン [kouapəréiʃən]	名 UC 協力
★ □ inspector	インスペクタ [inspéktər]	名 C 検査官
★ □ applicant	アプリカント [ǽplikənt]	名 C 応募者
★ □ participant	パーティスィパント [pɑːrtísəpənt]	名 C 参加者
□ operate	アペレイト [ápəreit]	動 他 (機械など) を操作する 注 人を目的語に取らない 自 稼働する
□ disobedience	ディスアビーディエンス [disəbí:diəns]	名 UC 不従順、違反 反 UC obedience (従順、忠実)
□ in the interests of ~		~のために
□ directly from ~		~から直接

意識すべきポイントをチェック!!

① **設問数&文書タイプ**の確認

Questions **3-4** refer to the following **notice**.

Point 誰が何のために何を知らせているのかを意識しながら読む。

② **レイアウト**の確認

```
                           タイトル
-------------------------------------------.------------------
--------.-------------------------.
  .
  .
  .
------------------.------------------------------------------------.
-----------------------------------------.
```

Point 内容やトピックを一言で言い表している**タイトルを確認**する。
Point 途中に箇条書きの段落があることを**確認**する。

③ **設問文**の確認

3. **For whom** is ... **most likely** ...?

Point 設問で問われている内容（要点）を記憶する。
　　　 most likely が使われているので、推測して答える。

🐱 **戦略** 第1段落を読んで設問3に解答できないかトライ！ 解けなければ箇条書きの箇所も読んで再度トライする。

④ **本文**を読む

```
------------------------------------------.---------------------
-------.-------------------------.          第1段落を全て読む
  .
  .
```

⑤ **選択肢**の確認

Point 本文の内容の言い換えや誤答の選択肢のひっかけに注意しながら**設問3の選択肢を確認して正解を判断**する。

⑥ **解答**する

解答欄にマークする。

※設問4についても、同様に**③**〜**⑥**を行う（**④**で読む段落は先に進める）

Questions 3-4 refer to the following notice.

Gulliver's Chocolate and Candy

Welcome to Gulliver's Chocolate and Candy factory. We hope you enjoy your look around the chocolate processing area. In the interests of your safety and food hygiene, please follow the rules below.

DO:
- Wear a hair net when in the manufacturing sections.
- Walk in the direction of the arrows on the floor.
- Ask any questions you may have to your guide.

DO NOT:
- Touch any of the machines.
- Take chocolates directly from the trays.
- Walk outside of the yellow lines.
- Take photographs.

If you see any member of your group not following the above guidance, please inform your guide immediately. Thank you for your cooperation.

3. For whom is the notice most likely intended?

(A) Food tasters
(B) Safety inspectors
(C) Job applicants
(D) Tour participants

○ △ ×
1回目 □□□   2回目 □□□   3回目 □□□

4. According to the notice, why should a group member talk to a guide?

(A) To operate a machine
(B) To take a picture
(C) To report disobedience
(D) To walk outside of the yellow lines

○ △ ×
1回目 □□□   2回目 □□□   3回目 □□□

CHAPTER 1

CHAPTER 2

CHAPTER 3

3-4番は次のお知らせに関するものです。

ガリバーズ・チョコレート・アンド・キャンディー

ガリバーズ・チョコレート・アンド・キャンディーの工場へようこそ。❶チョコレート製造エリアの見学をお楽しみいただければ幸いです。皆さまの安全と食品衛生のため、以下の規則に従ってください。

お願い事項：

- 製造エリアではヘアネットを着用してください。
- 床の矢印に従って歩いてください。
- 質問がある場合はガイドにお尋ねください。

禁止事項：

- 機械に触れる。
- トレイから直接チョコレートを取る。
- 黄色い線の外側を歩く。
- 写真撮影をする。

❷お客様のグループに上記の規則に従っていない方がいらっしゃいましたら、すぐにガイドにお知らせください。ご協力よろしくお願いいたします。

 ビジネスメールで使える表現

Thank you for your cooperation.
（ご協力に感謝いたします。）

Q3. 正解 (D)　　　　　　　　　　　　　正答率 ▶▶ **96**%

3ステップ解説

STEP1 誰に対するお知らせなのかを推測して答える問題。

STEP2 第1段落冒頭文の Welcome to Gulliver's Chocolate and Candy factory. や、続く We hope you enjoy your look around the chocolate processing area. (和訳❶) で工場見学を楽しむように促しており、その後、DO (お願い事項) と DO NOT (禁止事項) で、従うべきルールを記載している。

STEP3 以上より、このお知らせは工場見学ツアーの参加者向けのものだと判断できるので、(D) が正解。

設問の訳 **3.** このお知らせはおそらく誰に向けられたものですか?
(A) 試食する人　　　　　　　　(B) 安全調査員
(C) 求職者　　　　　　　　　　(D) ツアー参加者

Q4. 正解 (C)　　　　　　　　　　　　　正答率 ▶▶ **78**%

3ステップ解説

STEP1 参加者がガイドに話しかけるべき理由を答える問題。

STEP2 最終段落を見ると If you see any member of your group not following the above guidance, please inform your guide immediately. (和訳❷) と記載があるので、規則に従わない人がいることを報告するためにガイドに話しかける必要があるとわかる。

STEP3 よって、規則に従わないことを **disobedience** (**不従順、違反**) で言い換えている (C) が正解。(A) の機械の操作については DO NOT の最初の • で、(B) の写真撮影については4つ目の • で、(D) の線の外側を歩くことについては3つ目の • でそれぞれ禁止事項として明記されており、特にガイドに話しかけるべきであるとは書かれていないので不正解。

設問の訳 **4.** お知らせによると、グループのメンバーはなぜガイドに話しかけるべきですか?
(A) 機械を操作するため　　　　(B) 写真を撮るため
(C) 違反を報告するため　　　　(D) 黄色い線の外側を歩くため

extend a **due** date

キーワードをチェック!!

⬇ 06

★ ☐ spreadsheet	スプレッドシート [sprédʃiːt]	名 C 表計算ソフト
★ ☐ rep	レップ [rép]	名 C 担当者（representative の略語）
★ ☐ claim	クレイム [kléim]	名 C 請求、申し立て
☐ receipt	リスィート [risíːt]	名 C 領収書　UC 受領 注 受領という意味では不可算
☐ urgent	アージェント [ə́ːrdʒənt]	形 急ぎの、緊急の
☐ submit	サブミット [səbmít]	動 他 〜を提出する
★ ☐ figure	フィギュア　フィガ [fígjər] [fígə]	名 C ①数字 ②人物
☐ complete	コンプリート [kəmplíːt]	動 他 ①〜を完了させる 　　　②〜の全ての項目に記入する 形 ①完全な　②完了して 反 incomplete（不完全な）
☐ approval	アプルーヴァル [əprúːvəl]	名 UC 承認、同意
☐ sort out 〜		〜を分類する、選別する
★ ☐ It's up to you.		それはあなた次第です。 あなたにお任せします。
☐ in that case		その場合は
★ ☐ drop by 〜		〜に立ち寄る　同 stop by 〜

42

意識すべきポイントをチェック!!

① 設問数&文書タイプの確認

Questions **5-6** refer to the following **text-message chain**.

Point テキストメッセージのやり取りでは、以下の3点を意識しながら読む。
① やり取りの内容（トピック）
② やり取りしている人たちの職業と関係性（上司と部下など）
③ 意図問題の該当箇所（タイムスタンプと書き込み）

② レイアウトの確認

③ 設問文の確認

5. **Why** did Ms. Dorans ...?

Point 設問で問われている内容（要点）を記憶する。

④ 本文を読む

Ellie Dorans (10:44 A.M.)
--?

Jacob Katzner (10:47 A.M.)
----------------------------.

⋮

正解の根拠が登場するまで読み進める

⑤ 選択肢の確認

Point 本文の内容の言い換えや誤答の選択肢のひっかけに注意しながら**設問5の選択肢を確認して正解を判断**する。

⑥ 解答する

解答欄に**マーク**する。

※設問6についても、同様に**③〜⑥**を行う（**④**で読む箇所は先に進める）
※書き込みの意図を問う意図問題は、**直前の誰のどのような意見・質問を受けて書き込まれているものなのかをきちんと捉える**ことが大事。**直後の書き込みもヒントになる**ことが多い。

6. At **10:48** A.M., what does Ms. Dorans mean when she writes, "XXXXXXXXXX"?

Jacob Katzner (10:47 A.M.)
----------------------------.　　　←直前の書き込み

Ellie Dorans (**10:48** A.M.)
XXXXXXXXXX. ----------------------------.　　　←直後の書き込み

Point **文脈の中で書き込みの意図を判断する**ことが大事。

a **reference[recommendation]** letter

Questions 5-6 refer to the following text-message chain.

Ellie Dorans (10:44 A.M.)
Jacob, I'm doing the spreadsheet for sales reps' travel expenses from last month. I've got your claim form, but no receipts. Do you have them?

Jacob Katzner (10:47 A.M.)
Yes, sorry about that. Some are on my desk and some in my car. I'll go get them and sort them all out by date. I can bring them to your office before lunch if it's urgent.

Ellie Dorans (10:48 A.M.)
It's up to you. I'm not submitting the figures until tomorrow evening.

Jacob Katzner (10:49 A.M.)
Understood. In that case I'll drop by this afternoon.

---

5. Why did Ms. Dorans send a message to Mr. Katzner?

(A) To ask about his travel plans
(B) To request additional documents
(C) To tell him about a recent purchase
(D) To find out if he received some data

○ △ ×
1回目 ☐☐☐   2回目 ☐☐☐   3回目 ☐☐☐

6. At 10:48 A.M., what does Ms. Dorans mean when she writes, "It's up to you"?

(A) Mr. Katzner may choose a departure date.
(B) She will give Mr. Katzner more time to complete a form.
(C) She needs Mr. Katzner's approval before releasing the figures.
(D) Mr. Katzner can decide when to visit her office.

○ △ ×
1回目 ☐☐☐   2回目 ☐☐☐   3回目 ☐☐☐

government **regulations**

5-6番は次のテキストメッセージのやり取りに関するものです。

エリー・ドーランズ (午前10時44分)
ジェイコブ、営業担当者の先月の交通費について集計しています。❶あなたの申請書は受領しましたが、領収書を受け取っていません。お持ちですか？

ジェイコブ・ケイツナー (午前10時47分)
はい、すみません。私のデスクと車にあります。取りに行って日付ごとにまとめます。❷急ぎであればお昼前にあなたのオフィスにお持ちします。

エリー・ドーランズ (午前10時48分)
お任せします。❸数字は明日の晩まで提出しませんので。

ジェイコブ・ケイツナー (午前10時49分)
わかりました。そういうことでしたら、今日の午後に立ち寄ります。

 チャットで使える表現
- -

Sorry about that. （〔指摘された件について〕申し訳ありません。）

It's up to you. （あなたにお任せします。）

Understood. （了解。）

Q5. 正解 (B)　　　　　　　　　　　　　　正答率 ▶▶ **80**%

〔3ステップ解説〕

STEP1 Dorans さんが Katzner さんにメッセージを送った理由を答える問題。

STEP2 メッセージの冒頭で Dorans さんは旅費の取りまとめをしている旨を伝えたあと、I've got your claim form, but no receipts. Do you have them?（和訳❶）と Katzner さんに尋ね、レシートの提出を促している。

STEP3 よって、(B) が正解。receipts（領収書）を **additional documents（追加の書類）** で言い換えている。

〔設問の訳〕 **5.** ドーランズさんはなぜケイツナーさんにメッセージを送りましたか？
(A) 旅行の計画について聞くため　　(B) 追加の書類を求めるため
(C) 最近の購入品について伝えるため　(D) データを受け取ったか確かめるため

Q6. 正解 (D)　　　　　　　　　　　　　　正答率 ▶▶ **72**%

〔3ステップ解説〕

STEP1 Dorans さんが "It's up to you" と書き込んでいる意図を答える問題。

STEP2 **It's up to you.** は「**あなたにお任せします**」という意味だが、ここでは Katzner さんの午前10時47分の書き込み I can bring them to your office before lunch if it's urgent.（和訳❷）に対する応答であること、また直後の I'm not submitting the figures until tomorrow evening.（和訳❸）でレシートの提出を急ぐ必要がない旨を伝えていることから、お任せする内容はレシート提出のタイミングだとわかる。

STEP3 それはつまり、Katzner さんが Dorans さんのオフィスを訪ねるタイミングを決められるということなので、(D) が正解。**departure date** は「**（旅行などの）出発日**」であって、同僚に何かを届けるために自分の席を立つタイミングを departure date とは言わないので (A) は不正解。

〔設問の訳〕 **6.** 午前10時48分に、ドーランズさんが「お任せします」と書いているのは何を意味しますか？
(A) ケイツナーさんが出発日を選んでよい。
(B) ケイツナーさんに用紙を記入する時間を与える。
(C) 数字を公表する前にケイツナーさんの承認が必要だ。
(D) オフィスをいつ訪ねるかケイツナーさんが決めてよい。

✍ スコアアップのポイント

It's up to you. と併せて、相手に判断を委ねる時の決まり文句として **It's your call.**（**それはあなたが決めることです、あなた次第です**）を押さえておきましょう。この call は「電話」ではなく、「決定、決断」という意味です。

a **downtown** area

キーワードをチェック!!

📥 08

☐ cordially	コーディアリ [kɔ́ːrdiəli]	副 心から
★ ☐ mark	マーク [mɑ́ːrk]	動 他 〜を祝う 同 celebrate
★ ☐ venue	ヴェニュー [vénjuː]	名 C 会場
★ ☐ enthusiastic	インスューズィアスティック [inθuːziǽstik]	形 熱心な、熱狂的な
☐ investor	インヴェスター [invéstər]	名 C 投資家
★ ☐ foundation	ファウンデイシャン [faundéiʃən]	名 UC 設立、創設
☐ capacity	キャパスィティ [kəpǽsəti]	名 C UC 容量、収容能力
★ ☐ attendance	アテンダンス [əténdəns]	名 UC ①出席 ②出席者数
☐ shareholder	シェアホウルダー [ʃɛ́ərhouldər]	名 C 株主
☐ relative	レラティヴ [rélətiv]	名 C 親族、親戚
★ ☐ accompany	アカンパニ [əkʌ́mpəni]	動 他 〜に同伴する、〜についていく
★ ☐ be grateful to 〜		〜に感謝している
★ ☐ due to 〜		①〜が理由 [原因] で ②〜のおかげで
★ ☐ be yet to 〜		まだ〜していない
☐ at short notice		突然の連絡 [お知らせ]で、急に

意識すべきポイントをチェック!!

❶ 設問数&文書 タイプの確認

Questions **7-8** refer to the following **invitation**.

Point 誰が誰に宛てた招待状なのかを意識しながら読む。

❷ レイアウトの 確認

```
        イベント名
      日時・会場など

-------------  --------------------------------
--------------------------------.
```

Point タイトル欄→イベントの概要
　　　文章→補足説明や注意事項など

🐱 **戦略** 文章量が少ないので、本文を全て読んだうえで設問7、8に トライ!

❸ 設問文の 確認

7. **For whom** is ... **most likely** ...?

Point 設問で問われている内容（要点）を記憶する。
　　　most likely が使われているので、推測して答える。

❹ 本文を読む

```
        イベント名
      日時・会場など

-------------  --------------------------------
--------------------------------.     本文を全て読む
```

※途中で明らかに正解の根拠となる1文や表現が出てきた場合は、 途中でいったん読むのをやめて❺の作業に移ってもよい。

❺ 選択肢の 確認

Point 本文の内容の言い換えや誤答の選択肢のひっかけに注意しな がら設問7の選択肢を確認して正解を判断する。

❻ 解答する

解答欄にマークする。

※設問8についても、同様に❸～❻を行う（本文を全て読み終えている場合❹は省略）

CHAPTER 1

CHAPTER 2

CHAPTER 3

Questions 7-8 refer to the following invitation.

Kalderra Web Services, Inc.

cordially invites you to a

celebration dinner

to mark our second year in business

Venue: Lemon Tree Gardens
Date: 10 July, 6:30 P.M.–10:00 P.M.

We are always grateful to enthusiastic investors like you who have supported the company since its foundation. Due to limited capacity, we ask you to confirm your attendance by 30 June. You are welcome to bring one guest. After the dinner, there will be a performance by the famous singer, Amy Delaware.

---

7. For whom is the invitation most likely intended?

(A) Long-term customers
(B) Company shareholders
(C) Web site designers
(D) Relatives of employees

○ △ ✕　　　○ △ ✕　　　○ △ ✕
1回目 ☐☐☐　2回目 ☐☐☐　3回目 ☐☐☐

8. What is indicated about the event?

(A) Prices are yet to be confirmed.
(B) Entertainment has been arranged.
(C) The venue may be changed at short notice.
(D) Invitation holders cannot be accompanied by
　　a guest.

○ △ ✕　　　○ △ ✕　　　○ △ ✕
1回目 ☐☐☐　2回目 ☐☐☐　3回目 ☐☐☐

CHAPTER 1

CHAPTER 2

CHAPTER 3

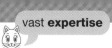

7-8番は次の招待状に関するものです。

---

❶カルデラ・ウェブサービシズ社

創業2周年を記念して

祝賀夕食会へ

謹んでご招待申し上げます

会場： レモン・ツリー・ガーデンズ
日付： 7月10日　午後6時30分ー午後10時

❷熱心な投資家の皆さまには、創業以来格別のご支援をいただきまして平素より感謝申し上げます。会場のスペースに限りがございますので、6月30日までにご参加の可否をお知らせください。1名のゲストをご同伴いただけます。❸夕食後には、有名な歌手であるエイミー・デラウェアによる歌唱があります。

Q7. 正解 (B)　　　　　　　　　　　　　　正答率 ▶▶ **80**%

〔3ステップ解説〕

STEP1 誰向けの招待状なのかを推測して答える問題。

STEP2 招待状の冒頭の記載 Kalderra Web Services, Inc. cordially invites you to a celebration dinner to mark our second year in business (和訳❶) から、この招待状は会社の創業2周年を祝う夕食会の参加者に向けたものだとわかる。さらに案内文の冒頭に We are always grateful to enthusiastic investors like you who have supported the company since its foundation. (和訳❷) とあるので、招待客は投資家だとわかる。

STEP3 よって、investors (投資家) を **company shareholders (会社の株主)** と言い換えている (B) が正解。(A) の **long-term customers (長期の顧客、取引先)** は、会社の商品やサービスを長きにわたって購入してくれている顧客や得意先を指すため、投資家とは異なる。

〔設問の訳〕 **7.** この招待状はおそらく誰に向けられたものですか?
(A) 長期の顧客　　　　　　　　　(B) 会社の株主
(C) ウェブサイトのデザイナー　　(D) 従業員の親戚

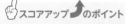 スコアアップのポイント

〜 like you (皆さま〔あなた〕のような〜) は、誰に向けた文書なのかを問う設問で正解に直結するキーフレーズです。例えば、本文に store owners like you とあればお店の経営者に宛てた文書だと判断することができます。本文に〜 like you が登場したら意識してリテンション (記憶保持) するようにしましょう。

Q8. 正解 (B)　　　　　　　　　　　　　　正答率 ▶▶ **90**%

〔3ステップ解説〕

STEP1 イベントについて何が言えるのかを答える問題。

STEP2 招待状の最後に After the dinner, there will be a performance by the famous singer, Amy Delaware. (和訳❸) とあるので、夕食の後に余興が予定されていることがわかる。

STEP3 よって、(B) が正解。a performance (公演) を entertainment (余興、催し物) で言い換えている。

〔設問の訳〕 **8.** イベントについて何が述べられていますか?
(A) 料金はまだ決定していない。
(B) 催し物が企画されている。
(C) 会場は直前に変更になる場合がある。
(D) 招待を受けた人は同伴者を連れてきてはいけない。

キーワードをチェック!!

⬇10

□ activate	アクティヴェイト [ǽktəveit]	動 他	①〜を有効にする ②〜を起動する
★ □ immediately	イミーディエトリィ [imíːdiətli]	副	すぐに
□ separate	セパレット [sépərət] セパレイト [sépəreit]	形 動 他	別々の 〜を分ける
□ envelope	エンヴェロウプ [énvəloup]	名 C	封筒
★ □ branch	ブランチ [brǽntʃ]	名 C 反	①支店　②大枝 headquarters（本店）
□ digit	ディジット [dídʒit]	名 C	（数字の）桁
★ □ PIN	ピン [pín]	名 C	暗証番号（Personal Identification Number）
★ □ reward	リウォード [riwɔ́ːrd]	名 C UC 注	見返り、褒美 発音は「リウォード」
□ purchase	パーチャス [pə́ːrtʃəs]	名 UC 購入 C 購入品 動 他 〜を購入する	
★ □ verify	ヴェリファイ [vérəfai]	動 他	（〜が正しいかどうか）確認する
★ □ please find enclosed 〜			同封の〜をご確認ください 関 please find attached 〜 （添付の〜をご確認ください）
□ partner with 〜			〜と提携する
★ □ make sure 〜			①確実に〜する　②〜を確認する
□ log in 〜			（システムなど）にログインする
□ at any time			いつでも 同 anytime　関 at all times（常時）

意識すべきポイントをチェック!!

① 設問数&文書タイプの確認

Questions **9-10** refer to the following **instructions**.

Point 誰が何のために書いた指示書なのかを意識しながら読む。

② レイアウトの確認

```
                         タイトル
--------------------------------------------------.-----------------
--------.--------------------.
1.
2.
3.
4.
```

Point 内容やトピックを一言で言い表している**タイトルを確認**する。
Point 手順 1. 〜 4. は読み飛ばさずに順番通りに読み進めることが大事。

③ 設問文の確認

9. **What** is ... **NOT** ...?

Point 設問で問われている内容（要点）を記憶する。
NOT 問題であることを意識する。

戦略 最初の設問が NOT 問題（P24 参照）なので、本文を全て読んだうえで設問9にトライ!

④ 本文を読む

```
                         タイトル
--------------------------------------------------.-----------------
--------.--------------------.
1.
2.
3.
4.                                          本文を全て読む
```

⑤ 選択肢の確認

Point 本文に記載されていないものを正解として選ぶことに注意しながら**設問9の選択肢を確認して正解を判断**する。

⑥ 解答する

解答欄にマークする。

※設問10についても、同様に❸〜❻を行う（本文を全て読み終えている場合❹は省略）

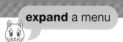

expand a menu

目標タイム②分

Questions 9-10 refer to the following instructions.

Panner Bank

Dear customer,

Please find enclosed your new Panner Bank credit card. You can use this card at all stores partnering with us. Before use, you must activate the card by completing the steps below.

1. Immediately sign the back of the card.

2. Call 925-555-0125 and enter the code which is printed on a separate sheet of paper in this envelope. If you cannot find the code, please take this letter to your nearest branch.

3. After inputting the code, listen to the recorded instructions to set your 4-digit PIN. You will need this PIN when using your card at stores.

4. You may now use your card worldwide. If you wish to receive rewards on each purchase, go to www.pannerbank.co.uk and create a username and password. Make sure the password is different from your PIN. You can view your points total by logging in at any time.

9. What is the reader NOT required to do before using the card?

(A) Create a personal code
(B) Write their signature
(C) Verify contact information
(D) Listen to a telephone message

〇 △ ✕　　　〇 △ ✕　　　〇 △ ✕
1回目 ☐☐☐　2回目 ☐☐☐　3回目 ☐☐☐

10. What is suggested about the credit card?

(A) It is accepted in all stores.
(B) It contains new security technology.
(C) It cannot be used in a foreign country.
(D) It allows users to collect points.

〇 △ ✕　　　〇 △ ✕　　　〇 △ ✕
1回目 ☐☐☐　2回目 ☐☐☐　3回目 ☐☐☐

CHAPTER 1

CHAPTER 2

CHAPTER 3

9-10番は次の指示書に関するものです。

パナー銀行

お客様各位

パナー銀行の新しいクレジットカードを同封いたしましたのでご確認ください。❻このカードは、当行と提携している全店舗でご利用いただけます。ご利用の前に、以下の手順を完了してカードを有効にしていただく必要があります。

1. ❸カードの裏面にすぐにサインをしてください。

2. ❹925-555-0125までお電話いただき、同封の別紙に印刷されたコードを入力してください。コードが見つからない場合は、最寄りの支店までこの書面をお持ちください。

3. コードを入力後、❶録音の指示に従って4桁のPIN番号を設定してください。このPIN番号は店舗でカードをご利用になる際に必要になります。

4. ❼これでカードが世界中で使えるようになりました。ご購入の際に見返りを得たい方は www.pannerbank.co.uk にアクセスして、❷ユーザー名とパスワードを作成してください。パスワードは必ずPIN番号と異なるものに設定してください。❺ログインしていただければ、ポイントの合計をいつでもご確認いただけます。

ビジネスメールで使える表現

Please find enclosed the 〈同封物〉.
(〈同封物〉をご確認ください。)

Q9.　正解 (C)　　　　　　　　　　　　　　　　　　　　正答率 ▶▶ 66%

3ステップ解説

STEP1 読み手に求められていないことを答える問題。

STEP2 内容を記憶しながら本文を一通り読んだあと、選択肢を順番に検討していく。(A) の個人コードの作成については、**3.** の listen to the recorded instructions to set your 4-digit PIN (和訳❶) や、**4.** の create a username and password (和訳❷) で指示されている。(B) の署名については **1.** の Immediately sign the back of the card. (和訳❸) に、(D) の電話メッセージについては **2.** の Call 925-555-0125 and enter the code ... (和訳❹) にそれぞれ記載がある。

STEP3 連絡先情報の確認については本文に記載がないので、(C) が正解。**verify** は「(〜が正しいかどうか) 確認する」という意味の動詞。

設問の訳　**9.** カードを利用する前に、読み手がするよう求められていないことは何ですか?
(A) 個人コードを作成する　　　　　　(B) サインをする
(C) 連絡先情報を確認する　　　　　　(D) 電話メッセージを聞く

Q10.　正解 (D)　　　　　　　　　　　　　　　　　　　正答率 ▶▶ 70%

3ステップ解説

STEP1 クレジットカードについて言えることを推測して答える問題。

STEP2 **4.** の最終文に You can view your points total by logging in at any time. (和訳❺) と記載があることに着目する。これは、クレジットカードを使用することによってポイントが貯まっていき、そのポイントをウェブサイトで確認できるということだと考えられる。

STEP3 よって、(D) が正解。**allow <人> to *do*** は「**人に〜させる**」という意味。(A) は、第1段落第2文の You can use this card at all stores partnering with us. (和訳❻) から、全店舗で使えるわけではないことがわかるので不正解。(B) の最新技術については本文に記載がない。(C) の国外での使用については、**4.** の冒頭文に You may now use your card worldwide. (和訳❼) とある。

設問の訳　**10.** クレジットカードについて何が示唆されていますか?
(A) 全店で利用できる。
(B) 新しいセキュリティー技術が含まれている。
(C) 国外では利用できない。
(D) 利用者はポイントを集めることができる。

within walking distance

キーワードをチェック!!

⬇12

★ ☐ attachment	アタッチメント [ətǽtʃmənt]	名 C 添付ファイル	
★ ☐ brochure	ブロウシュアー [brouʃúər] ブロウシャ [bróuʃə]	名 C パンフレット 同 pamphlet、booklet（小冊子） 関 flier（チラシ）、leaflet（チラシ）	
★ ☐ durable	デュラブル [djúərəbl]	形 耐久性のある	
★ ☐ last	ラースト [lǽːst]	動 自 ①続く　②長持ちする 形 最後の	
☐ one-of-a-kind	ワナヴァカインド [wʌnəvəkáind]	形 独自の、唯一の	
★ ☐ therefore	ゼアフォー [ðéərfɔːr]	副 したがって	
☐ contain	コンテイン [kəntéin]	動 他 ～を含む　同 include	
☐ coupon	クーパン [kúːpɑn]	名 C クーポン、割引券 類 voucher（引換券）	
☐ warranty	ワランティ [wɔ́ːrənti]	名 C 保証（書）	
☐ as with ～		～と同様に	
★ ☐ thanks to ～		～のおかげで	
☐ come with ～		（本体など）に付いてくる	
★ ☐ make sure ～		①確実に～する ②～を確認する	
★ ☐ no longer ～		もはや～でない	
☐ come in ～		（色の種類など）がある	
☐ a variety of ～		さまざまな～	

意識すべきポイントをチェック!!

1 設問数&文書タイプの確認

Questions **11-12** refer to the following **e-mail**.

Point 誰が何のためにメールを出したのかを意識しながら読む。

2 レイアウトの確認

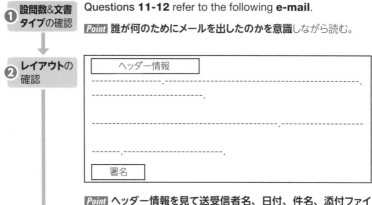

ヘッダー情報
------------------------. ------------------------------.
------------------------------.
--. ------------------
-------. ------------------------.
署名

Point ヘッダー情報を見て送受信者名、日付、件名、添付ファイルの有無を、署名を見て送信者の役職や会社名を確認する。

Point 3つの段落で構成されていることを確認する。

🐱 **戦略** 設問数、段落数、文章量を考慮して、第1段落を読んで設問11、第2段落&第3段落を読んで設問12に解答できないかトライ!

3 設問文の確認

11. **What** is **indicated** about ...?

Point 設問で問われている内容（要点）を記憶する。
indicated なので、あまり推測する必要はないと判断する。

4 本文を読む

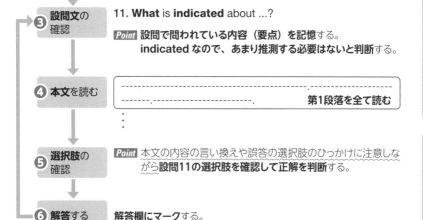

```
----------------------------------------------. ------------------
-------. ------------------------.                    第1段落を全て読む
⋮
```

5 選択肢の確認

Point 本文の内容の言い換えや誤答の選択肢のひっかけに注意しながら**設問11の選択肢を確認して正解を判断**する。

6 解答する

解答欄にマークする。

※設問12についても、同様に**3**～**6**を行う（**4**で読む段落は第2、第3段落）

Questions 11-12 refer to the following e-mail.

To:	emma.johns79@gomail.com
From:	dunn-alex@covver-umbrella.co.ie
Date:	18 March
Subject:	Your purchase
Attachment:	🔗 Brochure

Dear Ms. Johns,

Thank you for recently purchasing Covver Umbrella's "Wind-Tec 300" umbrella. As with all our products, the Wind-Tec series is made from durable materials and built to last. And thanks to its one-of-a-kind construction, this umbrella is guaranteed to stay open and strong in very windy conditions. It's like nothing else on the market, and we are sure others will want to buy one after seeing yours.

We are therefore attaching a brochure containing five coupons. Your friends and family can use these to receive 15% off a Wind-Tec umbrella before 31 July. They simply input one of the codes into our Web site when ordering.

Finally, we remind you to read the care instructions which come with your umbrella. This will make sure you enjoy years of trouble-free use.

Sincerely,

Alex Dunn
Customer Service Agent

11. What is indicated about the umbrella?

(A) It has a unique design.
(B) It is no longer manufactured.
(C) It comes in a variety of colors.
(D) Its price was recently reduced.

○ △ ×
1 回目 □□□   2 回目 □□□   3 回目 □□□

12. What is attached to the e-mail?

(A) Instructions for use
(B) Some discount codes
(C) Product samples
(D) A warranty

○ △ ×
1 回目 □□□   2 回目 □□□   3 回目 □□□

CHAPTER 1

CHAPTER 2

CHAPTER 3

11-12番は次のメールに関するものです。

宛先：	emma.johns79@gomail.com
送信者：	dunn-alex@covver-umbrella.co.ie
日付：	3月18日
件名：	購入品について
添付：	📎 パンフレット

ジョーンズ様

先日はカバー・アンブレラ製の傘「ウィンドテック300」をご購入いただきましてありがとうございます。弊社の全製品と同じく、❶ウィンドテックシリーズは丈夫な素材で製造されており、長持ちするように設計されています。また、❸独自の構造により、❷この傘は風が強い状況でも開くことができ、頑丈です。他にない製品のため、お客様の傘をご覧になった他の方々もきっと買いたくなるでしょう。

❹つきましては、5枚のクーポン券が含まれたパンフレットを添付いたします。お客様のご友人やご家族が7月31日までにこちらをご利用になりましたら、15パーセント引きでウィンドテックシリーズの傘をご購入いただけます。❺ご注文の際に、当社ウェブサイトにコードを入力するだけです。

最後に、❻傘に付属の取扱説明書をお読みくださいますようお願いいたします。これにより、何年にもわたって問題が生じることなくご使用いただけます。

何卒よろしくお願い申し上げます。

アレックス・ダン
お客様サービス担当

✉️ **ビジネスメールで使える表現**

We are attaching a 〈添付ファイル〉.
(〈添付ファイル〉を添付いたします。)

We remind you to read the instructions.
(取扱説明書をお読みくださいますようお願いいたします。)

Q11. 正解 (A)　　　　　　　　　　　　　　　　　正答率 ▶▶ **58**%

3ステップ解説

STEP1 傘について言えることを答える問題。

STEP2 まず第1段落2〜4行目の the Wind-Tec series is made from durable materials and built to last（和訳❶）や、第1段落4〜6行目の this umbrella is guaranteed to stay open and strong in very windy conditions（和訳❷）から、傘は丈夫であることがわかる。また、第1段落4行目の thanks to its one-of-a-kind construction（和訳❸）から、傘は Covver Umbrella 社オリジナルのデザイン（構造）であることもわかる。

STEP3 よって、後者の one-of-a-kind construction（**独自のデザイン〔構造〕**）を unique design と言い換えている (A) が正解。第1段落6行目に It's like nothing else on the market とあるが、これは「販売されている他の商品とは異なる」という意味であって、「市場にはもう無い」という意味ではない。傘はもう製造されていないと勝手に推測して、(B) を選ばないように注意。

設問の訳　**11.** 傘について何が述べられていますか?
(A) 独自の設計だ。
(B) 製造中止になった。
(C) 色のバリエーションがある。
(D) 最近値下げした。

Q12. 正解 (B)　　　　　　　　　　　　　　　　　正答率 ▶▶ **89**%

3ステップ解説

STEP1 メールに添付されているものを答える問題。

STEP2 第2段落冒頭文の We are therefore attaching a brochure containing five coupons.（和訳❹）および、最終文の They simply input one of the codes into our Web site when ordering.（和訳❺）から、このメールには割引コードが添付されていることがわかる。

STEP3 よって、(B) が正解。第3段落冒頭文に we remind you to read the care instructions which come with your umbrella（和訳❻）とあるが、**care instructions（取扱説明書）**は傘についているのであって、メールに添付されているわけではないため、(A) は不正解。

設問の訳　**12.** メールには何が添付されていますか?
(A) 取扱説明書
(B) 割引コード
(C) 製品サンプル
(D) 保証書

キーワードをチェック!!

⬇14

★ □ property	プラパティ [prápərti]	名 C UC 土地、物件
★ □ award	アウォード [əwɔ́ːrd]	動 他 (賞など) を与える 注 発音は「アウォード」 名 C 賞
★ □ remodel	リーマドゥル [riːmádl]	動 他 ～を改装する
★ □ council	カウンセル [káunsəl]	名 C 委員会
□ surrounding	サラウンディング [səráundiŋ]	形 周辺の
□ press	プレス [prés]	名 単 報道機関、マスコミ 動 他 ～を押す
★ □ mayor	メイア メア [méiər] [méə]	名 C 市長 注 発音は「メイア」または「メア」
★ □ spokesperson	スポウクスパースン [spóukspəːrsn]	名 C 広報担当者
□ craftspeople	クラーフツピープル [krǽːftspiːpl]	名 集 職人　同 artisans [áːrtəzən] アータザン
★ □ demolition	デモリシャン [deməlíʃən]	名 C UC 解体、取り壊し
★ □ opening	オウプニング [óupəniŋ]	名 C ①開店　②求人 同 vacancy (求人)
★ □ multiple	マルティプル [mʌ́ltəpl]	形 多数の、複数の 同 numerous [njúːmərəs] ニューマラス
★ □ renovation	レノヴェイシャン [renəvéiʃən]	名 C UC 改装
★ □ ~ -based		～を拠点とする
□ be delighted to ~		喜んで～する
□ be proud of ~		～を誇りに思う
★ □ behind schedule		予定より遅れて
□ be involved in ~		～に関与している

意識すべきポイントをチェック!!

① 設問数&文書タイプの確認

Questions **13-15** refer to the following **press release**.

Point 誰が何のためにプレスリリースを出したのかを意識しながら読む。

② レイアウトの確認

```
                    タイトル
---------------------------------------- -----------
------- -.-------------------------------------------
--------------------------------------------- -------
------------------------------------. -------------
--------------------.
```

Point **タイトルは必ず確認**する。
Point **1つの段落のみで構成されていることを確認**する。

戦略 段落は1つだけだが文章量が多いので、各設問の解答の根拠が登場したらいったん読むのを止めて設問に解答するやり方でトライ!

③ 設問文の確認

13. **What** does ...?

Point 設問で問われている内容（要点）を記憶する。

④ 本文を読む

```
                    タイトル
------------------------------------------- --------
-------.------------------------------------
          解答の根拠が登場するまで読み進める
------------------------------------ -.-------------
---------------------------------------- -----------
--------------------.
```

⑤ 選択肢の確認

Point 本文の内容の言い換えや誤答の選択肢のひっかけに注意しながら**設問13の選択肢を確認して正解を判断**する。

⑥ 解答する

解答欄に**マーク**する。

※設問14、15についても、同様に**③～⑥**を行う（**④**で読む箇所は本文の続き）

an extension cord

目標タイム ③分

Questions 13-15 refer to the following press release.

FOR IMMEDIATE RELEASE

Contact: Wendy Diaz, diaz-pr@level7works.org

LONDON (July 7) — London-based property developers Level 7 Works is delighted to have been awarded the contract to remodel the historic Anderson Carpet Factory in Canterbury, England. Its proposal was chosen by the Canterbury town council, the current owners, to redevelop the interior of the property into a visitor center which explains the history of the building and the surrounding area. During a joint press conference with Canterbury mayor Graham Peak, Level 7 Works spokesperson Jenna Fairbanks said, "We thank the town council for putting its trust in us. We will work together with local craftspeople and expert building firms to give citizens a facility they can be proud of, and one which brings more tourists to the area." Demolition of some interior walls begins next week, and the project is expected to be completed by December.

---

13. What does the press release announce?

(A) A rise in an area's tourist numbers

(B) A company's successful proposal

(C) The closure of a historic factory

(D) The opening of a new branch

○ △ ×
1回目 ☐☐☐　2回目 ☐☐☐　3回目 ☐☐☐

14. Who is Graham Peak?

(A) A local politician

(B) A business owner

(C) A history expert

(D) A company spokesperson

○ △ ×
1回目 ☐☐☐　2回目 ☐☐☐　3回目 ☐☐☐

15. What does the press release indicate about the factory building?

(A) The construction is behind schedule.

(B) Many kinds of products are made there.

(C) It is popular with local residents and tourists.

(D) Multiple companies will be involved in its renovation.

○ △ ×
1回目 ☐☐☐　2回目 ☐☐☐　3回目 ☐☐☐

13-15番は次のプレスリリースに関するものです。

即日発表

問い合わせ先：ウェンディー・ディアス diaz-pr@level7works.org

ロンドン（7月7日）── ❶ロンドンに拠点を置く不動産開発業者のレベル7ワークスは、イングランド、カンタベリーの歴史あるアンダーソン・カーペット工場を改装する契約を締結したことをご報告申し上げます。この提案は現在の所有者であるカンタベリー町会によって採択され、所有地の内部を、建物や周辺地域の歴史を紹介するビジターセンターに再開発いたします。❷カンタベリー町長であるグラハム・ピーク氏との共同記者会見で、弊社の広報担当者であるジェナ・フェアバンクスは「弊社を信頼くださったカンタベリー町会に感謝申し上げます。❸弊社は地元の職人や熟練の工務店と協力し、市民が誇りを持ち、地域により多くの観光客を集める施設を作ります」と述べた。内壁の取り壊し作業は来週から開始し、計画は12月までに完了する見込みです。

✉ **ビジネスメールで使える表現**

The project is expected to be completed by 〈期限〉.
（そのプロジェクトは〈期限〉までに完了する見込みです。）

Q13.　正解 (B)　　　　　　　　　　　　　　　　　正答率 ▶▶ 72%

3ステップ解説

STEP1 プレスリリースが何を伝えているのかを答える問題。

STEP2 まず、冒頭文 London-based property developers Level 7 Works is delighted to have been awarded the contract to remodel the historic Anderson Carpet Factory in Canterbury, England. (和訳 ❶) で、Level 7 Works による工場改装契約の獲得を伝えている。また、Its proposal was chosen by the Canterbury town council 以降で、契約に至った提案の概要が述べられている。

STEP3 よって、その提案を successful proposal で言い表している (B) が正解。このプレスリリースは **historic factory（歴史的な工場）** の改装について伝えているが、工場の閉鎖については伝えていないので、(C) は不正解。

設問の訳 **13.** このプレスリリースでは何を発表していますか?
- (A) 地域の観光客数の増加
- (B) うまくいった会社の提案
- (C) 歴史ある工場の閉鎖
- (D) 新しい支社の開設

スコアアップのポイント

Part 7 では形容詞 successful（〔結果が〕成功した）が頻出します。**successful proposal（契約に至った提案）** の他、**successful candidate（採用者）**、**successful applicant（合格者）**、**successful[winning] bidder（落札者）** といったフレーズで押さえておきましょう。

Q14.　正解 (A)　　　　　　　　　　　　　　　　　正答率 ▶▶ 87%

3ステップ解説

STEP1 Graham Peak さんが誰なのかを答える問題。

STEP2 プレスリリースの9〜10行目に During a joint press conference with Canterbury mayor Graham Peak（和訳 ❷）とあるので、Graham Peak さんは Canterbury 市の市長だとわかる。

STEP3 よって、mayor（市長）を **local politician（地元の政治家）** と言い換えている (A) が正解。Graham Peak さんの名前の直後に Level 7 Works spokesperson（Level 7 Works 社の広報担当者）とあるが、これはその直後に記載されている Jenna Fairbanks さんの役職なので、(D) は不正解。

設問の訳 **14.** グラハム・ピークは誰ですか?
- (A) 地元の政治家
- (B) 経営者
- (C) 歴史の専門家
- (D) 会社の広報担当者

accommodate her request

スコアアップ♪のポイント

mayor（市長）はリスニングセクションでもリーディングセクションでも頻出し、か
つスコアアップに直結する重要な単語です。まず、mayor の言い換えとして **local
politician**（**地元の政治家**）と **local government official**（**地方自治体の
役人、地方公務員**）の2つを覚えてください。加えて、リスニングセクションでは
mayor の聞き取りが大事です。アメリカ人、カナダ人のナレーターは [méiər]（メイ
ャー）と発音しますが、イギリス人、オーストラリア人のナレーターは [méə]（メア）と
発音するので、どちらで発音されても意味が取れるようにしておきましょう。

Q15. 正解 (D)　　　　　　　　　　　　　　　　正答率▶▶ **55**%

3ステップ解説

STEP1 プレスリリースによって工場の建物について何が言えるのかを答える問
題。

STEP2 プレスリリースの下から5～6行目の We will work together with
local craftspeople and expert building firms（和訳❸）から、この
改装プロジェクトには local craftspeople（地元の職人）や **expert
building firms**（**熟練の工務店**）が関与することがわかる。

STEP3 このうち、後者の関与について述べている (D) が正解。expert
building firms を **multiple companies**（**複数の会社**）と言い換え
ている。現在この工場が地元の住民や旅行者に人気かどうかについて
は特に記載がないので、(C) を選ぶことはできない。

設問の訳 **15.** プレスリリースは工場の建物について何を述べていますか？
(A) 建設の予定が遅れている。
(B) さまざまな製品が製造されている。
(C) 地元の住民と観光客に人気がある。
(D) 複数の会社が改装に関わる。

スコアアップ♪のポイント

multiple（多数の、複数の）は数が多いことを表す形容詞ですが、意味するところ
は more than one（2つ以上）ですので、たとえ2つだけであっても multiple を使
うことができます。例えば、**headquarters**（**本社**）と **branch**（**支店**）の2カ所
で営業している会社について、It has multiple offices. と言うことができます。

Good work!

home **appliances**

キーワードをチェック!!

⬇16

★ □ tenant	テナント [ténənt]	名 C 賃借人、居住者、入居者
□ agreement	アグリーメント [əgríːmənt]	名 C 契約 UC 同意、合意
□ permission	パーミッシャン [pərmíʃən]	名 UC 許可
□ interior	インティエリア [intíəriər]	名 C 室内装飾、内部 反 exterior（外部）
□ detail	ディーテイル [díːteil] ディテイル [ditéil]	名 C 詳細 動 他 〜を詳しく述べる
★ □ drain	ドゥレイン [dréin]	名 C 排水管
★ □ leak	リーク [líːk]	動 自 漏れる、流出する 他 〜を漏らす、流出させる 名 UC 漏れること
□ especially	イスペシャリ [ispéʃəli]	副 特に
□ exact	イグザクト [igzǽkt]	形 ①正確な ②（数字が）ぴったりの
★ □ plumber	プラマ [plʌ́mər]	名 C 配管工（配管の設置や修理、清掃などを行う作業員）
★ □ estimate	エスティメット [éstəmət] エスティメイト [éstəmeit]	名 C 見積もり 同 quote 動 他 〜を見積もる 同 quote
★ □ however	ハウエヴァー [hauévər]	副 しかしながら
□ contract	カントラクト [kántrækt]	名 C 契約
★ □ vacate	ヴェイケイト [véikeit]	動 他（建物、場所など）を立ち退く
□ get worse		悪化する
□ clean out 〜		〜を完全にきれいにする
★ □ carry out 〜		〜を実行する

意識すべきポイントをチェック!!

❶ 設問数&文書タイプの確認

Questions **16-18** refer to the following **form**.

Point 誰が何のためにフォームを書いたのかを意識しながら読む。

❷ レイアウトの確認

Point タイトルは必ず確認する。
Point 記入者情報欄、チェック欄、コメント欄①、コメント欄②で構成されていることを確認する。

❸ 設問文の確認

16. Why was ...?

Point 設問で問われている内容（要点）を記憶する。

 まず記入者情報欄とチェック欄を読んで設問16に解答できないかトライ！ 解けなければコメント欄①も読んで再度トライする。

❹ 本文を読む

戦略に沿って解答の根拠が見つかるところまで読み進める。 読み始めた段落はできるだけ最後まで読んで選択肢の確認に移る。

❺ 選択肢の確認

Point 本文の内容の言い換えや誤答の選択肢のひっかけに注意しながら設問16の選択肢を確認して正解を判断する。

❻ 解答する

解答欄にマークする。

※設問17、18についても、同様に❸〜❻を繰り返す（❹で読む段落は先に進める）

Questions 16-18 refer to the following form.

http:www.lorcrossrentalmanagement.com/requestform

Lorcross Rental Management
Tenant Communication Form

Date: November 15
Tenant name: Yolanda Cram
Address: Apt. 3A, 91 Beauly Rd.

Purpose of communication:
- ☐ Negotiation of rental agreement
- ☐ Cancellation of rental agreement
- ☐ Permission for interior changes/work
- ☑ Problem in building
- ☐ Problem in apartment

Additional Details (To be completed by tenant):
The rainwater drain outside my apartment is blocked. A lot of water leaks on the ground when it rains, making the entrance wet. The problem seems to be getting worse. I need someone to come and clean out the drain especially before December because the water will start to freeze in cold weather.

Follow up report (To be completed by Lorcross staff)
Date: November 18
By: Samuel Mendez
Notes:
I called the tenant to confirm the exact location. Three plumbers were contacted for estimates, however two of them were not able to do the work in November. I have contracted Eastdale Plumbing (admin@ eastdaleplumb.com) to carry out the work tomorrow. I will then call Ms. Cram again to check if she is satisfied.

16. Why was the form completed?

(A) To agree a contract
(B) To report a problem
(C) To give details of a plan
(D) To ask for apartment information

○ △ ✕　　　○ △ ✕　　　○ △ ✕
1回目 □□□　2回目 □□□　3回目 □□□

17. Why does Ms. Cram mention December?

(A) An area may become dangerous.
(B) She is leaving the apartment at that time.
(C) Her apartment will start to get cold.
(D) She wants to move in quickly.

○ △ ✕　　　○ △ ✕　　　○ △ ✕
1回目 □□□　2回目 □□□　3回目 □□□

18. What will most likely happen on November 19?

(A) Mr. Mendez will call a contractor.
(B) Tenants will vacate the apartment.
(C) Eastdale Plumbing will clean out the drain.
(D) Mr. Cram will submit a form.

○ △ ✕　　　○ △ ✕　　　○ △ ✕
1回目 □□□　2回目 □□□　3回目 □□□

CHAPTER 1

CHAPTER 2

CHAPTER 3

16-18番は次のフォームに関するものです。

http:www.lorcrossrentalmanagement.com/requestform

ロルクロス賃貸管理会社
賃借人相談フォーム

日付：　　　11月15日
賃借人氏名： ヨランダ・クラム
住所：　　　ビューライ通り91番地　アパート３Ａ

ご相談の目的：

☐　賃貸契約書の交渉
☐　賃貸契約書の解約
☐　内装リフォーム・工事の許可
☑　建物の問題
☐　アパートの問題

詳細内容（賃借人記入欄）：

アパートの外にある雨どいが塞がっています。❶雨が降るときに地面に大量の水漏れが生じ、エントランスが濡れています。この問題は悪化しているように見えます。❷どなたかに雨どいを清掃していただく必要があります。特に、寒い天気のときには水が凍結し始めるので12月までにはこちらにお越しいただきたいです。

フォローアップ報告書（当社スタッフ記入欄）

日付：　　　11月18日
記入者：　　サミュエル・メンデス
記入欄：

実際の場所を確かめるため、賃借人に電話をしました。見積のために３社の配管工に連絡をとりましたが、うち２社は11月に作業を行うことができないとのことでした。❸イーストデール配管工事会社 (admin@eastdaleplumb.com) と契約し、明日作業をしてもらえることになりました。❹作業後、クラムさんに再度電話をしてご満足いただけたか確認する予定です。

Q16.　正解 (B)　　　　　　　　　　　　　　　　正答率 ▸▸ 89%

3ステップ解説

STEP1　フォームが記入された理由を答える問題。

STEP2　タイトルの Tenant Communication Form から、このフォームは入居者が何かを伝えるために書くものだと考えられる。そして、Purpose of communication: のチェック欄で Problem in building の項目にチェックが付いていることから、居住者が建物に関する問題を報告するために記入されたフォームだとわかる。

STEP3　よって、(B) が正解。

設問の訳　16. このフォームはなぜ記入されましたか?
(A) 契約に同意するため　　　　　　　(B) 問題を報告するため
(C) 計画の詳細を知らせるため　　　　(D) アパートの情報を求めるため

Q17.　正解 (A)　　　　　　　　　　　　　　　　正答率 ▸▸ 27%

3ステップ解説

STEP1　Cram さんが12月について言及している理由を答える問題。

STEP2　入居者が記入する Additional Details のコメント欄で、Cram さんは雨水の排水管が塞がれてしまっていることについて触れたあと、A lot of water leaks on the ground when it rains, making the entrance wet. The problem seems to be getting worse. (和訳❶) で、アパートに出入りする際に支障をきたしている旨伝えている。さらに、I need someone to come and clean out the drain especially before December because the water will start to freeze in cold weather. (和訳❷) で、12月の寒さで水が凍り始めることを指摘している。

STEP3　よって、Cram さんは入り口の前の水たまりが12月になって凍ることで、滑って転倒するなど怪我につながる危険性を示唆していると考えられるので、(A) が正解。Cram さんは自分の apartment (部屋) が寒くなることを伝えようとして12月について触れたわけではないので、(C) は不正解。

設問の訳　17. クラムさんはなぜ12月について言及していますか?
(A) ある場所が危険になるかもしれない。
(B) その時期にアパートを退居する。
(C) 部屋が寒くなり始める。
(D) 早く入居したい。

Q18. 正解 (C)　　　　　　　　　　　　　正答率 ▶▶ **76**%

3ステップ解説

STEP1 11月19日に起こることを推測して答える問題。

STEP2 Follow up report のコメント欄を見ると、11月18日に Samuel Mendez さんが I have contracted Eastdale Plumbing (admin@eastdaleplumb.com) to carry out the work tomorrow. (和訳❸) と書き込んでいることがわかる。**carry out** は「〜を実行する」という意味であり、tomorrow は11月19日を指すので、この日に Eastdale Plumbing 社の作業員が作業を行うことがわかる。

STEP3 よって、この作業を **clean out the drain** (**排水管をきれいにする**) と具体的に言い換えている (C) が正解。Follow up report のコメント欄の最後に I will then call Ms. Cram again to check if she is satisfied. (和訳❹) とあるので、Mendez さんはこの日作業が終わったあと Cram さんに電話する可能性はあるが、**contractor** (**請負業者**) に電話するとはどこにも書かれていないので、(A) は不正解。また、作業に伴う居住者の立ち退きや、Cram さんによる用紙の提出についても記載はないので、(B)、(D) を選ぶことはできない。

設問の訳　**18.** 11月19日におそらく何が起こりますか?
(A) メンデスさんが請負業者に電話をする。
(B) 賃借人がアパートを空ける。
(C) イーストデール配管工事会社が雨どいを清掃する。
(D) クラムさんがフォームを提出する。

☞スコアアップ♪のポイント

Part 7 では、正解を導くために簡単な日付の計算を求められるケースがあります。例えば今回のように Date 欄の日付 November 18 と本文に登場する tomorrow から、作業が November 19 に行われることを答えさせる問題や、Date 欄の日付 August 10 と本文の **next month issue** (**来月号**) から、記事が掲載されるのが **the September issue** (**9月号**) であることを答えさせるような問題がよく出題されます。いずれにせよ、e-mail や notice などの日付欄は設問に絡むことがあるので、本文を読み始める前に必ず確認するようにしましょう。

ビジネスメールで使える表現
- -
The problem seems to be getting worse.
(問題は悪化しているように思えます。)

Keep it up!

office **equipment**

キーワードをチェック!!

⬇18

★ ☐ found	[fáund] ファウンド	動 他 ~を設立 [創設] する	
★ ☐ decade	[dékeid] デケイド	名 C 10年（間）	
★ ☐ launch	[lɔ́:ntʃ] ローンチ	動 他 ①~を始める ②~を発売する 名 C 開始、発売	
☐ suburban	[səbə́:rbən] サバーバン	形 郊外の	
☐ commuter	[kəmjú:tər] コミューター	名 C 通勤 [通学] 者	
★ ☐ appreciate	[əprí:ʃieit] アプリーシェイト	動 他 ~に感謝する	
★ ☐ feature	[fí:tʃər] フィーチャ	動 他 ~を特徴とする 名 C 特徴	
★ ☐ significantly	[signífikəntli] スィグニフィカントリ	副 かなり 同 considerably	
★ ☐ competitor	[kəmpétətər] コンペティター	名 C 競合他社、競争相手	
★ ☐ expand	[ikspǽnd] イクスパンド	動 他 ~を拡大させる 自 拡大する	
☐ further	[fə́:rðər] ファーザァー	形 さらなる 副 さらに	
★ ☐ highlight	[háilait] ハイライト	動 他 ~を強調する 名 C 見どころ、最重要部分	
☐ facility	[fəsíləti] ファシリティ	名 C 施設	
★ ☐ produce	[prádju:s] プラデュース [prədjú:s] プロデュース	名 UC 農作物 動 他 ~を生産する	
★ ☐ locate	[lóukeit] ロウケイト	動 他 ~を置く、設置する	
★ ☐ in contrast to ~		~とは対照的に	
☐ a wide selection of ~		幅広い品ぞろえの~	
★ ☐ on a budget		予算が限られた、限られた予算内で	
★ ☐ a range of ~		さまざまな~	
★ ☐ focus on ~		~に重点を置く、~に集中する	

82

意識すべきポイントをチェック!!

① 設問数&文書タイプの確認

Questions **19-21** refer to the following **article**.

Point 誰が何のために記事を書いたのかを意識しながら読む。

② レイアウトの確認

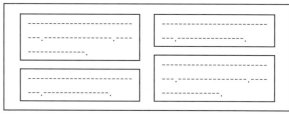

Point タイトルがある場合は必ず確認する。
Point 4つの段落で構成されていることを確認する。

③ 設問文の確認

19. What ...?

Point 設問で問われている内容（要点）を記憶する。

戦略　まず第1段落を読んで設問19に解答できないかトライ！ 解けなければ第2段落も読んで再度トライする。

④ 本文を読む

戦略に沿って解答の根拠が見つかるところまで読み進める。読み始めた段落はできるだけ最後まで読んで選択肢の確認に移る。

⑤ 選択肢の確認

Point 本文の内容の言い換えや誤答の選択肢のひっかけに注意しながら設問19の選択肢を確認して正解を判断する。

⑥ 解答する

解答欄に**マーク**する。

※設問20、21についても、同様に**③**〜**⑥**を繰り返す（**④**で読む段落は先に進める）

CHAPTER 1

CHAPTER 2

CHAPTER 3

PARIS (12 May) — Montro, the supermarket chain founded in Manchester a decade ago, launched another store in France this month, this time in the southern city of St. Etienne. The chain, which entered the French market by opening a branch in Paris last year, has been a big hit around Europe.

St. Etienne continues Montro's recent trend of opening smaller stores in city centers. In contrast to large suburban outlets, the new branches appeal to commuters and city residents who don't have a car and appreciate the convenient location.

The compact store still features a wide selection of the low-cost products which Montro is famous for. Its value range of everyday foods is priced significantly lower than competitors, attracting shoppers on a budget.

"We at Montro plan to expand further in France," said regional director Marco Fontaine. "Now that this store has started trading, we will be opening another in the same city. We will then begin construction in Lyon."

19. What advantage of the St. Etienne store is highlighted in the article?

(A) The opening hours
(B) The central location
(C) The parking facilities
(D) The local produce

○ △ ×
1回目 □□□　2回目 □□□　3回目 □□□

20. What is true about Montro Supermarkets?

(A) They sell a large range of imported goods.
(B) They focus on freshly-made products.
(C) Their products are cheaper than other supermarkets.
(D) They try to attract customers with children.

○ △ ×
1回目 □□□　2回目 □□□　3回目 □□□

21. According to the article, where does Montro plan to locate their next store?

(A) In Manchester
(B) In Paris
(C) In St. Etienne
(D) In Lyon

○ △ ×
1回目 □□□　2回目 □□□　3回目 □□□

C H A P T E R 1

C H A P T E R 2

C H A P T E R 3

demolition of a building

19-21番は次の記事に関するものです。

パリ（5月12日）― 10年前にマンチェスターで設立されたスーパーのチェーン店であるモントロは、今月フランスのサンテティエンヌ南部に新たな店舗を出した。昨年パリに店舗をオープンしフランス市場に参入した同社は、ヨーロッパで大成功を収めている。

サンテティエンヌ店は、市の中心部に小さな店舗を構えるというモントロ社の最近の傾向を踏襲している。❶郊外の大きなアウトレットとは対照的に、新店舗は、車を所有せずその便利な立地を好む通勤客や住民の注目を集めている。

この小型店では、同社が広く知られている理由でもある低価格な商品を幅広く揃えている。❷同社の日用食料品の価格帯は競合他社よりもかなり安く、節約したい買い物客を引きつけている。

「当店はフランスでさらなる店舗展開を計画しています。❸この店舗での商売が始まったので、同じ市内にもう一店舗オープンする予定です。その後、リヨンでの建設に着手する予定です」と、地域担当責任者のマルコ・フォンテイン氏は述べた。

Q19.　正解 (B)　　　　　　　　　　　　　　　正答率 ▶▶ **90**%

3ステップ解説

STEP1 St. Etienne の店舗について強調されている利点を答える問題。

STEP2 第2段落の第2文 In contrast to large suburban outlets, the new branches appeal to commuters and city residents who don't have a car and appreciate the convenient location. (和訳❶) に着目する。**in contrast to** は「～とは対照的に」、**suburban outlets** は「**郊外のアウトレット店**」という意味なので、St. Etienne にある店舗は、車を持っていない人たちにありがたいと思われるような便利な場所（都心部）にあるとわかる。

STEP3 よって、**convenient location**（**便利な立地**）を **central location**（**都心の立地**）と言い換えている (B) が正解。(D) にある **produce** は「**農作物**」という意味。products（製品）と区別して覚えておくこと。

設問の訳　**19.** この記事の中で、サンテティエンヌ店のどんな利点が強調されていますか?
(A) 営業時間
(B) 都心部にあること
(C) 駐車設備
(D) 地元の農産物

Q20.　正解 (C)　　　　　　　　　　　　　　　正答率 ▶▶ **92**%

3ステップ解説

STEP1 Montro Supermarkets について当てはまることを答える問題。

STEP2 St. Etienne に新たにオープンした店舗について、第3段落の第2文に Its value range of everyday foods is priced significantly lower than competitors, attracting shoppers on a budget. (和訳❷) とある。Montro Value range of everyday foods は「Montro が日々販売する食品の価格帯」なので、それが **competitors**（**競合他社**）よりもかなり低いということを伝えている。これは新しくオープンしたお店に限った話ではなく、Montro のスーパーマーケット全店舗に言えることだと考えられる。

STEP3 よって、(C) が正解。be priced lower が cheaper で、competitors が other supermarkets でそれぞれ言い換えられている。

✍ スコアアップのポイント

on a budget は、人が小さな金庫の上に乗っていてあまり身動きが取れない状況をイメージすると覚えやすいです。**travelers on a budget**（**限られた予算の旅行者**）、**manage on a budget**（**限られた予算の範囲内でやりくりする**）というフレーズで押さえておきましょう。

C H A P T E R 1

C H A P T E R 2

C H A P T E R 3

a shareholder(s') meeting

設問の訳 **20.** モントロ・スーパーマーケットについて何が正しいですか？

(A) さまざまな輸入品を販売している。

(B) 新鮮な商品に焦点を当てている。

(C) 商品が他のスーパーマーケットよりも安い。

(D) 子ども連れの顧客を引きつけようと試みている。

Q21. 正解 (C)   正答率 ▶▶ **35**%

3ステップ解説

STEP1 Montro が次にどこに出店を計画しているかを答える問題。

STEP2 第4段落4〜6行目に regional director（地域担当責任者）のコメントとして、Now that this store has started trading, we will be opening another in the same city.（和訳❸）とある。ここでの another = another store であり、the same city = St. Etienne なので、Montro は次の店舗も St. Etienne にオープンさせる計画だということがわかる。

STEP3 よって、(C) が正解。第4段落最終文の We will then begin construction in Lyon. につられて (D) を選ばないように注意。**then** は「**その次に、それから**」という意味だが、次の店舗も St. Etienne にオープンさせる予定であるという直前の文を受けて、そのあと Lyon に出店する流れになる点をしっかり押さえること。

設問の訳 **21.** この記事によると、モントロはどこに次の店舗を構える計画をしていますか？

(A) マンチェスター

(B) パリ

(C) サンテティエンヌ

(D) リヨン

Good work!

CHAPTER 1

CHAPTER 2

CHAPTER 3

キーワードをチェック!! ⬇20

☐ responsibility	リスパンスィビリティ [rispansəbíləti]	名 UC 責任　C 職務内容
★ ☐ downtown	ダウンタウン [dáuntáun]	形 商業地区の、繁華街の 副 商業地区に（で） 名 中心街、繁華街
☐ physically	フィズィカリィ [fízikəli]	副 肉体的に
★ ☐ overseas	オウヴァスィーズ [ouvərsíːz]	形 海外の　副 海外に（で）
☐ politely	ポライトリィ [pəláitli]	副 礼儀正しく
☐ plus	プラス [plʌs]	名 C 有利にはたらくもの
★ ☐ address	アドレス [ədrés] アドレス [ǽdres]	動 他 ①～に対処する 　　②～に話しかける、演説する 名 C ①住所　②演説
★ ☐ résumé	レジュメイ [rézumei]	名 C 履歴書 注 resume（～を再開する）と混同しないこと
★ ☐ reference	レファレンス [réfərəns]	名 C 推薦状、参考資料 UC ①参照、言及　②関係、関連
☐ deliver	ディリヴァー [dilívər]	動 他 ①～を届ける　②～を行う
★ ☐ handle	ハンドル [hǽndl]	動 他 ①～を扱う　②～に対処する
☐ direct	ディレクト [dirékt] ダイレクト [dairékt]	動 他 ①～に指示する ②～を導く、～の道案内をする ③（質問など）を～に向ける
★ ☐ meal	ミール [míːl]	名 C 食事
★ ☐ due to ～		～が原因［理由］で
☐ flat tire		パンク
★ ☐ cover letter		添え状（書類を送付するときに添える手紙）
☐ travel expenses		旅費

90

意識すべきポイントをチェック!!

① 設問数&文書タイプの確認

Questions **22-24** refer to the following **job announcement**.

Point 何の会社がどんな求人を出したのか意識しながら読む。

② レイアウトの確認

```
                    タイトル
------------------------------------ ------------------
-------- ---------------------- .
------------------------------------------- -------------
--------------------- .
---------------------------- .
```

Point タイトルは必ず確認する。
Point 3つの段落で構成されていることを確認する。

③ 設問文の確認

22. **What** is necessary for the job?

Point 設問で問われている内容(要点)を記憶する。

戦略 必須条件が問われているので、スキルが記載されている第2段落まで一気に読んでから設問22に解答できるかトライ!

④ 本文を読む

```
                    タイトル
------------------------------------ ------------------
-------- ---------------------- .
------------------------------------------- -------------
---------------------                  第2段落まで全て読む
---------------------------- .
```

⑤ 選択肢の確認

Point 本文の内容の言い換えや誤答の選択肢のひっかけに注意しながら設問22の選択肢をチェックして正解を判断する。

⑥ 解答する

解答欄にマークする。

※設問23、24についても、同様に③〜⑥を繰り返す(④で読む段落は設問に応じて先に進める)

extend an invitation

目標タイム **3** 分

21

Questions 22-24 refer to the following job announcement.

Bicycle Taxi Riders Needed

Velocross Bicycle Taxis is looking for local people who enjoy the outdoors to join our team of bicycle taxi riders in Hatton. Your responsibilities include transporting passengers around the downtown area and taking visitors on tours of points of interest.

Due to the active nature of the job, applicants must be physically fit with the ability to cycle for over one hour non-stop. As some customers are overseas tourists, you need to be able to speak English clearly and politely. Knowledge of local history is a plus, but full training will be given. Riders should be able to address basic mechanical problems such as flat tires or a loose chain. Hourly pay is set at $15. Velocross will provide a set of stylish cycling T-shirts and shorts to wear while working.

To apply, e-mail a cover letter, résumé, and a reference from a previous employer to riders@velocrosstaxis.com no later than April 10.

22. What is necessary for the job?

(A) Good physical condition
(B) Second language skills
(C) Knowledge of local history
(D) A driver's license

○ △ ✕
1回目 ☐☐☐ 2回目 ☐☐☐ 3回目 ☐☐☐

23. The word "address" in paragraph 2, line 6, is closest in meaning to

(A) speak
(B) deliver
(C) handle
(D) direct

○ △ ✕
1回目 ☐☐☐ 2回目 ☐☐☐ 3回目 ☐☐☐

24. What will successful applicants receive?

(A) A uniform
(B) Seasonal bonuses
(C) Travel expenses
(D) Free meals

○ △ ✕
1回目 ☐☐☐ 2回目 ☐☐☐ 3回目 ☐☐☐

CHAPTER 1

CHAPTER 2

CHAPTER 3

22-24番は次の求人広告に関するものです。

自転車タクシー運転手募集

ヴェロクロス自転車タクシーは、ハットンで弊社の自転車タクシー運転手チームに加わってくれる屋外を楽しむことが好きな地元の方を募集いたします。職務には、乗客を中心部周辺に連れていき、お客様が興味のある場所へ観光案内することが含まれます。

活動的な職業柄、❶応募者は休みなく1時間以上自転車に乗ることができる体力のある方に限ります。一部の顧客は海外からの観光客のため、❷英語をはっきりと礼儀正しく話せる必要があります。❹地元の歴史についての知識があれば尚良いですが、十分な研修があります。❸運転手は、タイヤのパンクやチェーンのたるみのような基本的な故障に対応できることが望ましいです。時給は15ドルです。❺弊社では、勤務中に着用していただくおしゃれなサイクル用Tシャツと半ズボン一式を支給いたします。

応募される方は、添え状と履歴書、以前の雇用主からの推薦状を4月10日までにメールで riders@velocrosstaxis.com にお送りください。

ビジネスメールで使える表現

- -

To apply, e-mail me no later than 〈期限〉.
（応募される方は、〈期限〉までに私にメールしてください。）

Q22.　正解 (A)　　　　　　　　　　　　　　正答率 ▶▶ 77%

3ステップ解説

STEP1 仕事で必要とされるものを答える問題。

STEP2 応募の必要条件が記載されている第2段落をチェックする。まず、applicants must be physically fit with the ability to cycle for over one hour non-stop（和訳❶）から、応募者は健康でなければならない。また、you need to be able to speak English clearly and politely（和訳❷）とあるので、英語を話す能力も求められている。さらに、Riders should be able to address basic mechanical problems such as flat tires or a loose chain.（和訳❸）から、トラブルが起きた際の問題解決能力も必要だとわかる。

STEP3 これらの必要条件と選択肢を照らし合わせると、(A) が最初の条件にある **be physically fit**（**体が元気である、健康である**）を **good physical condition**（**良い健康状態**）で言い換えていることがわかる。よって、(A) が正解。英語が第二言語にあたるかどうかは不明なので、(B) を選ぶことはできない。第2段落の中ほどに Knowledge of local history is a plus（和訳❹）とあるが、これは優遇条件（あれば望ましい条件）であって必須条件ではないので、(C) も不正解。また、bicycle taxi の taxi につられて (D) の運転免許証を選ばないように注意。

設問の訳　**22.** この仕事をするには何が必須ですか？
(A) 健康状態が良好であること　　(B) 第二言語能力
(C) 地元の歴史に関する知識　　　(D) 運転免許証

Q23.　正解 (C)　　　　　　　　　　　　　　正答率 ▶▶ 86%

3ステップ解説

STEP1 本文で使われている address に最も意味が近いものを答える問題。

STEP2 address の直前に be able to があるので、まずこの address は動詞である。動詞の address には①「(人) に話しかける」、②「(聴衆など) に演説する」、③「(問題など) に対処する」、④「(意見などを) 〜に向ける」などの意味があるが、ここでは basic mechanical problems が目的語であることから、③の意味だと判断できる。

STEP3 よって、同じ意味を持つ (C) の **handle**（**〔問題など〕に対処する**）が正解。

設問の訳　**23.** 第2段落6行目の "address" に最も意味の近い語は？
(A) 話す　　　　　　(B) 届ける
(C) 対応する　　　　(D) 向ける

A lot of water **leaks** on the ground.

「〜に対処する」という意味の address はTOEICに頻出します。**address a problem** (**問題に対処する**)、**address a complaint** (**苦情に耳を傾ける**)、**address the needs of** (**〜の要望に応える**) といったフレーズで押さえておきましょう。

Q24. 正解 (A)　　　　　　　　　　　　　　正答率▸▸**100**%

3ステップ解説

STEP1 採用される応募者が受け取るものを答える問題。

STEP2 第2段落最終文に Velocross will provide a set of stylish cycling T-shirts and shorts to wear while working. (和訳❺) とあるので、採用された人は勤務中に着用するTシャツと短パンを支給されることがわかる。

STEP3 よって、a set of stylish cycling T-shirts and shorts to wear while working を a uniform (制服) と言い換えている (A) が正解。

設問の訳 **24.** 採用される応募者は何を受け取りますか?
(A) 制服　　　　　　　　　　(B) 賞与
(C) 交通費　　　　　　　　　(D) 無料の食事

You can do it!

キーワードをチェック!! ⬇22

□ textile	テクスタイル [tékstail]	名 C 織物、布地　形 織物の
★ □ headquarters	ヘッドクォーターズ [hédkwɔːrtərz]	名 複 本社 注 常に複数形で使うが、単数扱い
★ □ finalize	ファイナライズ [fáinəlaiz]	動 他 ～を最終化する
□ precise	プリサイス [prisáis]	形 正確な
★ □ equipment	イクウィプメント [ikwípmənt]	名 UC 機器、機材
★ □ belongings	ビローンギングズ [bilɔ́ːŋiŋz]	名 複 所持品
★ □ since	スィンス [síns]	接 ①～なので（理由） ②～して以来 前 ～以来　副 それ以来
★ □ fragile	フラジャイル [frǽdʒail]	形 もろい
★ □ except	イクセプト [iksépt]	前 接 ～を除いて
★ □ unavailable	アナヴェイラブル [ʌnəvéiləbl]	形 利用できなくて
□ interruption	インタラプシャン [intərʌ́pʃən]	名 C UC 中断
★ □ merger	マージャー [mə́ːrdʒər]	名 C 合併
★ □ summarize	サマライズ [sʌ́məraiz]	動 他 ～を要約する
□ board	ボード [bɔ́ːrd]	名 C 取締役会、役員会
★ □ label	レイベル [léibəl]	動 ①～にラベルを貼る ②～に情報を書く 名 C ラベル
★ □ be yet to ～		まだ～していない
□ go through ～		～を経験する
□ at a time		一度に
★ □ in advance		前もって、事前に

98

意識すべきポイントをチェック!!

❶ 設問数&文書タイプの確認

Questions **25-27** refer to the following **memo**.

Point 誰が何のために社内連絡を書いたのかを意識しながら読む。

❷ レイアウトの確認

Point 本文に1文挿入問題の空所 **[1] 〜 [4]** が空いていることを確認する。

Point 4つの段落で構成されていることを確認する。

🐾 **戦略**「1文挿入問題で与えられている1文」と「最初の設問」を両方チェックしてから本文を読み始める!

❸ 設問文の確認

Point 1文挿入問題の1文→最初の設問の順にチェックする。

27. In which of the positions marked [1], [2], [3], and [4] does the following sentence best belong?
"**XXXXXXXXXXXXXXXXXXXXXXXXXXXXXXX.**"

25. **Why** was ...?

Point 1文挿入問題の1文と、最初の設問の内容 (要点) を記憶する。

❹ 本文を読む

ヘッダー情報

------------------------------------- [1] -.------------------------------. 　第1段落を全て読む

----------------------------- [2] -.----------------------.
　　　　⋮

Point 途中で空所が登場するたびに、与えられた1文がその場所に挿入できるか否かを検討する。

❺ 選択肢の確認

Point 設問25の選択肢をチェックして正解を判断する。

❻ 解答する

解答欄にマークする。

Point 設問27は1文が入る空所がわかった時点で解答する。

※設問26についても、同様に❸〜❻を繰り返す (❹で読む段落は先に進める)

Questions 25-27 refer to the following memo.

23

To: Chapman Textile Headquarters Employees
From: Lexie Thomson, Office Manager
Subject: Schedule for October-November
Date: August 30

The budget for the office remodeling in autumn has been
finalized. Since we still need confirmation from some of
our contractors, a precise schedule is yet to be made.
— [1] —. However, there are some things that all
employees need to know as we go through these rather
difficult months ahead.

Work will begin inside because the weather will likely be
cold and snowy in November. Painting and carpeting
will be done in sections, two rooms at a time. All office
equipment and personal belongings must be packed in
boxes that the company provides. — [2] —. The boxes
will be temporarily stored in the cafeteria or storage room.
Since they will be moved by the work crew, please write
your names and office numbers on all of them clearly and
indicate if there is anything fragile inside.

— [3] —. Any of our three conference rooms may be
used for resting or eating during this period, except when
scheduled for meetings. Employees are also welcome to
have their lunches somewhere outside while their normal
work areas are unavailable. — [4] —.

Please contact me if you have any questions to make
sure that the coming weeks will not mean any serious
interruption in your productivity.

25. Why was the memo sent to employees?

(A) To announce the merger with another company
(B) To provide information about facility improvements
(C) To request more cooperation among several departments
(D) To summarize the results of a recent board meeting

○ △ ×
1回目 ☐☐☐　2回目 ☐☐☐　3回目 ☐☐☐

26. What are employees instructed to do?

(A) Work in the conference rooms
(B) Save all important files
(C) Order lunches in advance
(D) Label items carefully

○ △ ×
1回目 ☐☐☐　2回目 ☐☐☐　3回目 ☐☐☐

27. In which of the positions marked [1], [2], [3], and [4] does the following sentence best belong?

"The lounge and cafeteria will be remodeled at the same time and work there will take 3-4 days."

(A) [1]
(B) [2]
(C) [3]
(D) [4]

○ △ ×
1回目 ☐☐☐　2回目 ☐☐☐　3回目 ☐☐☐

CHAPTER 1

CHAPTER 2

CHAPTER 3

25-27番は次の社内連絡に関するものです。

宛先：　　チャップマン繊維本社社員

送信者：　レクシー・トムソン、業務部長

件名：　　10月-11月の予定

日付：　　8月30日

❶秋に行われるオフィスのリフォームに関する予算が最終決定いたしました。一部の請負業者と確認をとる必要があるため、正確なスケジュールはまだ確定していません。― [1] ―。しかしながら、幾分か大変になるこの先の数カ月を乗り切るため、社員全員に何点かご理解いただきたいことがあります。

❷11月は寒くて雪が降りやすいので、オフィス内の作業から始めます。❺塗装とカーペットの張替えはセクション単位で2部屋ごとに行います。オフィスの備品や個人の所有物はすべて、会社支給の箱に詰める必要があります。― [2] ―。箱はカフェテリアや倉庫室に一時的に保管されます。作業員が箱を移動させることになるため、❸すべての箱にお名前とオフィス番号をはっきりとご記入いただき、壊れやすいものがある場合はその旨をお書きください。

― [3] ―。❹この期間中は、会議が予定されている時間を除き、3つの会議室を休憩や食事のためにご利用いただけます。社員は、通常の仕事スペースが使えない間は外で昼食をとっていただいても構いません。― [4] ―。

何かご質問があれば私にご連絡いただき、今後数週間、生産性の点で深刻な中断が生じないようにしてください。

Q25. 正解 (B)　　　　　　　　　　　　　　　正答率 ▶▶ 82%

3ステップ解説

STEP1 従業員に対して社内連絡が送られた理由を答える問題。

STEP2 第 1 段 落 冒 頭 文 の The budget for the office remodeling in autumn has been finalized.（和訳❶）でオフィスの改装について触れていること、また第2段落冒頭文 Work will begin inside because the weather will likely be cold and snowy in November.（和訳❷）で、11月の寒さのために作業は屋内で開始する旨を伝えていることから、このメモは従業員に対してオフィスの改装の件を伝えるために送られたことがわかる。

STEP3 よって、(B) が正解。**the office remodeling（オフィスの改装）**を **facility improvements（施設の改善）**と言い換えている。(D) の **a board meeting** は「**取締役会、役員会議**」という意味。

設問の訳　**25.** この社内連絡はなぜ社員に送られましたか?
(A) 他の会社との合併を発表するため
(B) 施設の改善についての情報を提供するため
(C) 部署間においていっそうの協力を求めるため
(D) 最近の取締役会での結果をまとめるため

Q26. 正解 (D)　　　　　　　　　　　　　　　正答率 ▶▶ 73%

3ステップ解説

STEP1 従業員が指示されていることを答える問題。

STEP2 第2段落3～5行目で述べられている **office equipment（オフィス機器）**や **personal belongings（個人の持ち物、私物）**を入れる箱について、同段落最終文の Since they will be moved by the work crew, please write your names and office numbers on all of them clearly and indicate if there is anything fragile inside.（和訳❸）で、各自自分の名前、オフィス番号、壊れやすいものが入っている場合はその旨を作業員にわかりやすいようにはっきりと記載するよう指示していることがわかる。

STEP3 よって、write your names and office numbers on all of them clearly and indicate if there is anything fragile inside の 部 分 を **label items carefully（物品に注意深く情報を書き記す）**と言い換えている (D) が正解。この **label** は動詞で「**〜に情報を書く**」という意味。

設問の訳　**26.** 社員は何をするよう指示されていますか?
(A) 会議室で働く　　　　　　　　(B) 重要な文書を保存する
(C) 前もって昼食を注文する　　　(D) 品物に注意深く情報を書き記す

installation work

☝️**スコアアップ♪のポイント**

label を名詞で使う場合は「ラベル、名札」、動詞として使う場合は①「〜にラベルを貼る」、②「〜に情報を書く」という意味が大事です。リスニングでは [léibəl] という音の聞き取りにも注意しましょう。

Q27. 正解 (C)   正答率 ▸▸ **64**%

[3ステップ解説]

STEP1 与えられた1文を挿入する適切な位置を答える問題。

STEP2 1文を見ると、ラウンジとカフェテリアの改装作業が **at the same time**（**同時に**）行われる旨と、作業にかかる期間が書かれている。第3段落冒頭の [3] に入れれば、直後の Any of our three conference rooms may be used for resting or eating during this period, except when scheduled for meetings.（和訳❹）の during this period が、ラウンジとカフェテリアの改装期間を指して文意がつながる。また、第2段落2〜3行目の Painting and carpeting will be done in sections, two rooms at a time.（和訳❺）で示されている作業方針を受けて、第3段落で具体的な作業場所に関する話題に移る流れも自然である。

STEP3 よって、(C) が正解。[1] に入れた場合は明らかに前後で文意がつながらない。[2] に入れると boxes（箱）に関する指示を分断してしまうので不適切。[4] に入れた場合は、食事ができる代替スペースや外に食べに行くという選択肢を伝えたあとにラウンジやカフェテリアを改装する旨を伝えることになり、順番が逆で不適切。

[設問の訳] **27.** [1]、[2]、[3]、[4] のうち、次の文が入る最も適切な箇所はどこですか?

「ラウンジとカフェテリアの改装は同時に行われ、そこでの作業には3日から4日かかる予定です。」

(A) [1]
(B) [2]
(C) [3]
(D) [4]

✉️**ビジネスメールで使える表現**

- -

A precise schedule is yet to be made.

（正確なスケジュールはまだ確定していません。）

SP

シングルパッセージ

4問タイプ

★ ☐ prefer	プリファー [prifə́:r]	動 他 ～を(より)好む
★ ☐ consider	コンスィダー [kənsídər]	動 他 ～を検討する
★ ☐ benefit	ベネフィット [bénəfit]	名 C UC ①利点、利益 ②福利厚生 (通例 benefits)
★ ☐ moreover	モオウヴァー [mɔːróuvər]	副 さらに、加えて 同 furthermore, besides
☐ flexible	フレクスィブル [fléksəbl]	形 融通の利く、柔軟性のある
☐ fill	フィル [fíl]	動 他 ～を埋める 自 埋まる
☐ proposal	プロポウザル [prəpóuzəl]	名 C UC 提案 (書)
☐ survey	サーヴェイ [sə́:rvei]	名 C 調査、アンケート 同 UC research
☐ draft	ドラフト [drǽft]	名 C 原稿
★ ☐ assign	アサイン [əsáin]	動 他 ～を割り当てる
★ ☐ outline	アウトライン [áutlain]	動 他 ～の概要を述べる 名 C UC 概要
★ ☐ at least ～		少なくとも～
☐ make a decision		決定する、決心する
★ ☐ put together ～		～を取りまとめる、 ～を組み立てる
☐ please don't hesitate to ～		遠慮せずに～してください

意識すべきポイントをチェック!!

① 設問数&文書タイプの確認

Questions **28-31** refer to the following **e-mail**.

Point 誰が何のためにメールを出したのかを意識しながら読む。

② レイアウトの確認

```
┌─────────────┐
│ ヘッダー情報 │
└─────────────┘
------------------.-------------------------------------------------.
----------------------------.
-------------------------------------------.--------------------.
--------.--------------------------.

------------------------------------------------------------.
┌──────┐
│ 署名 │
└──────┘
```

Point 3つの段落で構成されていることを確認する。

Point ヘッダー情報を見て送受信者名、日付、件名、添付ファイルの有無を、署名を見て送信者の役職、会社名などを確認する。

戦略 設問数、段落数、文章量を考慮して、第1段落を読んで設問28、29、第2段落&第3段落を読んで設問30、31に解答できないかトライ!

③ 設問文の確認

28. **Why** was ...?

Point 設問で問われている内容（要点）を記憶する。

④ 本文を読む

```
------------------.-------------------------------------------------.
----------------------------.        第1段落を全て読む
                    ⋮
```

⑤ 選択肢の確認

Point 本文の内容の言い換えや誤答の選択肢のひっかけに注意しながら設問28の選択肢をチェックして正解を判断する。

⑥ 解答する

解答欄にマークする。

※設問29〜31についても、同様に**③**〜**⑥**を繰り返す（**④**で読む段落は必要に応じて先に進める）

Questions 28-31 refer to the following e-mail.

From:	Song-Hun Paek
To:	Bernarda Mae
Date:	July 3
Subject:	Work Changes
Attachment:	📎 Reference

Dear Bernarda,

I want you to create a report about introducing remote working options to our staff. Frank Bajec, your office manager, told us at our last executive meeting that some employees have said that they strongly prefer this work method. While such a setup has not been common at our company, management wants to consider its benefits. There are studies in Go Work Magazine that show that employees who work at least partly from home are generally more productive and satisfied. Moreover, we are opening a new office in Atlanta in July, so we think flexible work styles may attract more candidates to fill positions there.

Before we make a final decision, though, we want more information on this proposal from our staff. In line with that, I would like your team to research the topic and put together a survey for our employees to find out what they think about remote work and how many of them would be willing to try it. You will find some guidelines in the attachment.

Please do not hesitate to e-mail me if you have any questions. It would be great if you could review the first draft and send it to me within ten days.

Thanks,

Song-Hun Paek
Human Resources Manager
Chegal Manufacturers

28. Why was the e-mail sent?
(A) To assign a task
(B) To explain a benefits package
(C) To detail a product launch
(D) To confirm a schedule

○ △ ✕　　　○ △ ✕　　　○ △ ✕
1回目 □□□　2回目 □□□　3回目 □□□

29. What do the magazine studies cover?
(A) Branch openings
(B) Investment results
(C) Production planning
(D) Employee satisfaction

○ △ ✕　　　○ △ ✕　　　○ △ ✕
1回目 □□□　2回目 □□□　3回目 □□□

30. What is the company planning to do in July?
(A) Replace an office manager
(B) Open a new business location
(C) Reduce the number of its employees
(D) Update a recruiting policy

○ △ ✕　　　○ △ ✕　　　○ △ ✕
1回目 □□□　2回目 □□□　3回目 □□□

31. What is attached to the e-mail?
(A) An outline for research on employees
(B) A recommendation letter for a job candidate
(C) A questionnaire about productivity
(D) A draft of a product manual

○ △ ✕　　　○ △ ✕　　　○ △ ✕
1回目 □□□　2回目 □□□　3回目 □□□

CHAPTER 1

CHAPTER 2

CHAPTER 3

28-31番は次のメールに関するものです。

送信者：	ソンフン・ペク
宛先：	ベルナーダ・メイ
日付：	7月3日
件名：	業務改革
添付：	📎 参考資料

ベルナーダさん

❶スタッフの遠隔勤務という選択を導入する件について、あなたに報告書を作成していただきたいと思っています。前回の幹部会議で、一部の従業員がこの勤務方法を強く希望しているとあなたの業務マネージャーであるフランク・ベイジェックが話していました。このような体制は当社で広まっていませんが、幹部はこの利点を検討したいようです。❸ゴー・ワーク・マガジンの調査では、部分的でも在宅勤務をしている従業員の方が概してより生産的で満足度が高いことが示されています。さらに、❹当社は7月にアトランタに新オフィスを開設するため、勤務形態に柔軟性があるほうが求人の応募者を引きつけ、ポジションが埋まるかもしれないと考えています。

もっとも、最終決定を出す前に、スタッフからこの案についてもっと情報がほしいです。したがって、❷あなたのチームにはこのトピックについて調査し、従業員向けのアンケートをまとめてほしいと思っています。アンケートでは、従業員が遠隔勤務についてどのように考え、どれくらいの人が試したいと思っているのかについて調べてください。❺ガイドラインについては添付したものをご確認ください。

ご質問があれば、私に遠慮なくメールしてください。最初の原稿を見直して、10日以内に私に送っていただけると助かります。

よろしくお願いします。

ソンフン・ペク
人事部長
シェガール・マニュファクチャーズ

Q28.　正解 (A)　　　　　　　　　正答率 ▶▶ **79**%

3ステップ解説

STEP1 メールが送られた理由を答える問題。

STEP2 第1段落冒頭文 I want you to create a report about introducing remote working options to our staff.（和訳❶）から、Song-Hun Paek さんは Bernarda Mae さんにレポートの作成を依頼していることがわかる。また、第2段落の第2文 I would like your team to research the topic and put together a survey for our employees（和訳❷）で、何をすべきか具体的に指示している。

STEP3 以上より、レポートの作成という **task**（**任務、仕事**）を割り当てるためにメールが送られていることがわかるので、(A) が正解。**benefits package**（**福利厚生**）や **product launch**（**製品の発売**）についての記述は本文に見当たらないので、(B)、(C) は不正解。また、スケジュールの確認や、予定が確定したことを伝えるためにメールが送られているわけではないので、(D) も不正解。

設問の訳　**28.** メールはなぜ送られましたか?
(A) 仕事を割り当てるため
(B) 福利厚生を説明するため
(C) 製品の発売について詳しく説明するため
(D) 予定を確認するため

Q29.　正解 (D)　　　　　　　　　正答率 ▶▶ **85**%

3ステップ解説

STEP1 雑誌の調査で取り上げられているものを答える問題。

STEP2 調査結果は第1段落6〜8行目の There are studies in Go Work Magazine that show that employees who work at least partly from home are generally more productive and satisfied.（和訳❸）で述べられており、在宅勤務者の生産性と満足度が比較的（そうでない人と比べて）高いとあることから、この調査では従業員の満足度が取り上げられていることがわかる。

STEP3 よって、(D) が正解。

設問の訳　**29.** 雑誌の調査では何を取り上げていますか?
(A) 支店のオープン　　　　　(B) 投資結果
(C) 製品計画　　　　　　　　(D) 従業員満足度

Q30. 正解 (B) 正答率 ▶▶ **93**%

3ステップ解説

STEP1 会社が7月に計画していることを答える問題。

STEP2 第1段落の下から2〜3行目に we are opening a new office in Atlanta in July (和訳❹) とあるので、Chegal Manufacturers 社は7月に新しい支店をオープンさせる予定だとわかる。

STEP3 よって、(B) が正解。a new office を a new business location と言い換えている。

設問の訳 **30.** 会社は7月に何を計画していますか？
(A) 業務部長を交代させる　　　　(B) 新しい拠点を開設する
(C) 人員削減する　　　　　　　　(D) 採用規則を更新する

Q31. 正解 (A) 正答率 ▶▶ **80**%

3ステップ解説

STEP1 メールに添付されているものを答える問題。

STEP2 第2段落の第2文 I would like your team to research the topic and put together a survey for our employees (和訳❷) で社員に対する調査を指示したあと、You will find some guidelines in the attachment. (和訳❺) と続くので、このメールにはその調査方法を記載したガイドラインが添付されていることがわかる。

STEP3 よって、(A) が正解。**guideline** (**指針**) を **outline** (**概要、あらまし**) で言い換えている。outline の中でアンケートの取り方や項目についてのアドバイスが記載されている可能性はあるが、アンケート自体が添付されているわけではないので、(C) は不正解。

設問の訳 **31.** このメールには何が添付されていますか？
(A) 従業員の調査についての概要　(B) 就職希望者の推薦状
(C) 生産性についてのアンケート　(D) 製品マニュアルの原案

👆スコアアップ 🎵のポイント

Part 7 では動詞の outline (〜の概要を述べる) も頻出します。**outline a strategy** (**戦略の概要を述べる**)、**outline safety procedures** (**安全手順の概要を説明する**)、**outline a new policy** (**新しい方針の要点を述べる**) といったフレーズで覚えておきましょう。

ビジネスメールで使える表現

You will find some guidelines in the attachment.
(添付のガイドラインをご確認ください。)

Please do not hesitate to e-mail me if you have any questions.
(ご質問があれば私に遠慮なくメールしてください。)

It would be great if you could review the draft as soon as possible.
(できるだけ早く原稿に目を通していただけるとありがたいです。)

キーワードをチェック!!

📥26

★ □ recognize [レコグナイズ][rékəgnaiz]	動 他 ～を認める	
★ □ institution [インスティテューシャン][institjú:ʃən]	名 C 機関、団体	
★ □ award-winning [アウォード ウィニング][əwɔ́:rd-wíniŋ]	形 受賞歴のある	
★ □ besides [ビサイズ][bisáidz]	前 ①～に加えて 同 in addition to ②～以外に 同 except 副 その上、さらに 同 moreover, furthermore	
★ □ latest [レイティスト][léitist]	形 最新の	
★ □ tuition [テュイシャン][tju:íʃən]	名 UC 授業料	
★ □ advance [アドヴァンス][ədvǽns]	動 他 ～を前進させる、(能力など) を高める 自 前進する 形 事前の 名 C 前進、進歩	
★ □ credentials [クリデンシャルズ][kridénʃəlz]	名 複 資格、経歴	
★ □ requirement [リクワイアメント][rikwáiərmənt]	名 C 必要条件 注 通例 requirements	
★ □ qualification [クワリフィケイシャン][kwɑləfikéiʃən]	名 C 資格 注 通例 qualifications	
★ □ issue [イシュー][íʃu:]	動 他 ～を発行する 名 C ①発行、(雑誌などの) 号 ②問題	
□ comfortable [カンファタブル][kʌ́mfərtəbl]	形 快適な	
□ compassion [コンパッシャン][kəmpǽʃən]	名 UC 思いやり、同情	
★ □ interpersonal [インターパーソナル][intərpə́:rsənl]	形 人間関係の	
★ □ willingness [ウィリングネス][wíliŋnis]	名 UC 意欲、やる気	
★ □ valid [ヴァリッド][vǽlid]	形 有効な	
★ □ availability [アヴェイラビリティ][əveiləbíləti]	名 UC ① (人の) 都合 ②利用できる こと ③入手可能性	
★ □ make a difference	違いを生む、影響を及ぼす	
★ □ turn in ～	～を提出する	

意識すべきポイントをチェック!!

❶ 設問数&文書タイプの確認

Questions **32-35** refer to the following **advertisement**.

Point 誰が何のために広告を出したのかを意識しながら読む。

❷ レイアウトの確認

投稿日&募集職
募集職の詳細
応募条件
連絡先等

Point **投稿日&募集職を確認**する。
Point **3つの段落で構成されていることを確認**する。

戦略 設問数、段落数、文章量を考慮して、第1段落を読んで設問 32、33に、第2段落&第3段落を読んで設問34、35に解答 できないかトライ!

❸ 設問文の確認

32. **What** kind of ...?

Point 設問で問われている内容（要点）を記憶する。

❹ 本文を読む

投稿日&募集職
募集職の詳細　　　　**第1段落を全て読む**
⋮

❺ 選択肢の確認

Point 本文の内容の言い換えや誤答の選択肢のひっかけに注意しな がら**設問32の選択肢をチェックして正解を判断**する。

❻ 解答する

解答欄にマークする。

※設問33〜35についても、同様に❸〜❻を繰り返す（❹で読む段落は必要に応じて 先に進める）

目標タイム④分

Questions 32-35 refer to the following advertisement.

Posted: September 15
Position: Registered Nurse

Description

Izo Care, Inc., is recognized as one of the state's leading healthcare providers. We have partnered with over fifteen educational institutions through our award-winning professional training program. Come and join us if you really want to make a difference. Besides the opportunity to work in a beautiful, modern environment and get access to the latest health technology, we offer excellent benefits, including free tuition in select learning centers to advance your professional growth. Salary discussions will be based on each applicant's credentials.

Requirements and qualifications
• Nursing license issued by the state
• Experience working in a healthcare institution
• Comfortable working in a fast-paced environment
• Compassion, great communication skills, attention to detail

If interested, please send your résumé, including the names and contact details of three references to humanresources@izocareco.com.

32. What kind of organizations have most likely partnered with Izo Care, Inc.?
(A) Science museums
(B) Medical academies
(C) Investment firms
(D) State pharmacies

1 ◯◻◻ △ × 　　2 ◯◻◻ △ × 　　3 ◯◻◻ △ ×

33. According to the advertisement, what is negotiable?
(A) Working hours
(B) A work location
(C) A basic salary
(D) A starting date

1 ◯◻◻ △ × 　　2 ◯◻◻ △ × 　　3 ◯◻◻ △ ×

34. What is a requirement for the advertised position?
(A) Interpersonal skills
(B) Experience in an environmental field
(C) Willingness to work late
(D) A valid driver's license

1 ◯◻◻ △ × 　　2 ◯◻◻ △ × 　　3 ◯◻◻ △ ×

35. What are the applicants asked to do?
(A) Fill out a job application form
(B) Provide information on references
(C) Indicate their availability to start work
(D) Turn in their most current health records

1 ◯◻◻ △ × 　　2 ◯◻◻ △ × 　　3 ◯◻◻ △ ×

CHAPTER 1

CHAPTER 2

CHAPTER 3

32-35番は次の広告に関するものです。

掲載日： 9月15日
職種： 正看護師

説明

イゾ・ケア社は州内随一の医療サービス提供会社として評価いただいております。❶弊社は受賞歴のある専門研修プログラムを通して15を上回る教育機関と提携してまいりました。本気で社会に貢献したい方は是非弊社のチームにご参加ください。きれいで現代的な環境で働き、最新の医療技術を利用できる機会を得ることに加え、弊社は優良な教育センターでの無料受講を含む素晴らしい福利厚生を提供し、貴方の仕事における成長を後押しします。❷給与に関する話し合いは各応募者の経歴に基づいて行います。

応募条件と応募資格

* 州交付の看護師免許
* 医療機関での勤務経験
* ペースの速い環境で働くことができる
* 思いやりがある、コミュニケーション能力が高い、細かいことに配慮できる

❸ご興味のある方は、3名の推薦者のお名前と連絡先詳細を含む履歴書を humanresources@izocareco.com までお送りください。

Q32. 正解 (B)　　　　　　　　　　　　　　　　　　　正答率 ▶▶ 93%

3ステップ解説

STEP1 Izo Care 社と提携している業種を推測して答える問題。

STEP2 registered nurse（正看護師）の求人に関する Description（説明）欄の第2文に We have partnered with over fifteen educational institutions through our award-winning professional training program.（和訳❶）とあるので、Izo Care 社は教育機関と研修面で提携していることがわかる。

STEP3 よって、educational institutions（**教育機関**）を medical academies（医療専門学校）と言い換えている (B) が正解。

設問の訳 32. おそらくどんな組織がイゾ・ケア社と提携しましたか？
(A) 科学博物館
(B) 医療専門学校
(C) 投資会社
(D) 州の薬局

Q33. 正解 (C)　　　　　　　　　　　　　　　　　　　正答率 ▶▶ 87%

3ステップ解説

STEP1 交渉可能なことを答える問題。

STEP2 Description（説明）欄の最終文に Salary discussions will be based on each applicant's credentials.（和訳❷）とあるので、credentials（**資格、経歴**）に基づいて応募者は salary（給料）を交渉可能だとわかる。

STEP3 よって、(C) が正解。(A) の勤務時間、(B) の勤務地、(D) の勤務開始日については特に記載がなく、交渉可能かどうか不明なため、正解として選ぶことはできない。

設問の訳 33. 広告によると、何を交渉することができますか？
(A) 勤務時間
(B) 勤務地
(C) 基本給与
(D) 勤務開始日

☝スコアアップ♪のポイント

問題を解く際は、あくまでも本文に記載されている情報をもとに正解・不正解を判断するようにしましょう。自分の経験や一般常識から選択肢の内容が正解だと思っても、本文に記載がなければ不正解です。スコアアップのためには、正解の根拠を常に本文に求める姿勢が大切です。

Q34. 正解 (A)　　　　　　　　　　　　　　　　正答率 ▶▶ **70**%

3ステップ解説

STEP1 募集している職の必須条件を答える問題。

STEP2 Requirements and qualifications（**応募条件と応募資格**）欄に記載のある条件、Nursing license issued by the state（州交付の看護師免許）、Experience working in a healthcare institution（医療機関での勤務経験）、Comfortable working in a fast-paced environment（日々刻々と変化する環境をものともせずに働けること）、Compassion, great communication skills, attention to detail（人を思いやる能力、優れたコミュニケーション能力、些細なことに気付くきめ細やかさ）と、選択肢を照らし合わせる。

STEP3 上記の必須条件のうち、communication skills を **interpersonal skills**（**対人能力、人とうまくやっていく能力**）と言い換えている (A) が正解。(B) の an environmental field（環境分野）は a fast-paced environment（ペースの速い環境）とは違うので不正解。(C) の遅い時間まで働く意欲については必須条件として記載がない。nursing license（看護師免許）は求められているが、driver's license（運転免許）は求められていないので、(D) も不正解。

設問の訳 **34.** 広告されている職の応募条件は何ですか?
　　　　(A) 対人能力　　　　　　　　　　(B) 環境分野での勤務経験
　　　　(C) 遅い時間まで働く意欲　　　　(D) 有効な運転免許証

Q35. 正解 (B)　　　　　　　　　　　　　　　　正答率 ▶▶ **75**%

3ステップ解説

STEP1 応募者が求められているものを答える問題。

STEP2 広告の最終段落に If interested, please send your résumé, including the names and contact details of three references（和訳❸）に続いてメールアドレスが記載されている。この1文から、応募者が求められているものは **résumé**（**履歴書**）であり、その中に **references**（**推薦者、照会先**）の名前と連絡先を含める必要があることがわかる。

STEP3 よって、the names and contact details of three references（3名の推薦者の名前と連絡先の詳細）を **information on references**（**照会先に関する情報**）と言い換えている (B) が正解。

設問の訳 **35.** 応募者は何をするよう求められていますか?
　　　　(A) 仕事の応募用紙に記入する　　(B) 推薦者に関する情報を提供する
　　　　(C) 勤務開始可能日を伝える　　　(D) 最新の健康診断書を提出する

Good work!

a **catering** service

キーワードをチェック!! 📥28

★	□ shipment	シップメント [ʃípmənt]	名 C UC 発送
★	□ warehouse	ウェアハウス [wéərhaus]	名 C 倉庫
★	□ appliance	アプライアンス [əpláiəns]	名 C 電化製品
★	□ progress	プラーグレス [prágres]	名 UC 前進、進歩
	□ upset	アプセット [ʌpsét]	動 他 (予定など) を狂わせる、(人) を動揺させる
	□ laundry	ローンドリィ [lɔ́:ndri]	名 C クリーニング店、洗濯屋
	□ fix	フィクス [fíks]	動 他 (問題など) を解決する
	□ priority	プライオリティ [praiɔ́:rəti]	名 C 優先事項　UC 優先
★	□ text	テクスト [tékst]	動 他 携帯電話でメールを書いて〜に送信する
	□ incorrect	インコレクト [inkərékt]	形 正しくない、誤った　反 correct (正しい)
	□ unnecessary	アンネセサリィ [ʌnnésəseri]	形 不必要な　反 necessary (必要な)
★	□ ship out 〜		〜を出荷する
★	□ as soon as possible		できるだけ早く
★	□ right away		すぐに　同 right now
★	□ hold off on 〜		〜を保留にする、見合わせる
★	□ as soon as 〜		〜したらすぐに
★	□ take care of 〜		〜に対処する、〜を引き受ける
★	□ focus on 〜		〜に集中する、〜に重点的に取り組む
★	□ deal with 〜		〜に対処する、取り組む
★	□ at the moment		今のところ　同 now

意識すべきポイントをチェック!!

① 設問数&文書タイプの確認

Questions **36-39** refer to the following **online chat discussion**.

Point オンラインチャットの話し合いでは、以下の3点を意識しながら読む。
①やり取りの内容（トピック）
②やり取りしている人たちの職業と関係性（上司と部下など）
③意図問題の該当箇所（タイムスタンプと書き込み）

② レイアウトの確認

③ 設問文の確認

36. **What** type of ...?

Point 設問で問われている内容（要点）を記憶する。

④ 本文を読む

Marcel Hersch (10:35 A.M.)
--?
Berenice Stahl (10:36 A.M.)
----------------------------.
　　　⋮
　　　　　　　　　正解の**根拠が登場するまで読み進める**

⑤ 選択肢の確認

Point 本文の内容の言い換えや誤答の選択肢のひっかけに注意しながら設問36の選択肢をチェックして正解を判断する。

⑥ 解答する

解答欄に**マーク**する。

※設問37～39についても、同様に**③**～**⑥**を繰り返す（**④**で読む箇所は先に進める）
※書き込みの意図を問う意図問題は、**直前の誰のどのような意見・質問を受けて書き込まれているものなのかをきちんと捉える**ことが大事。**直後の書き込みもヒントになる**ことが多い。

39. At **10:45** A.M., what does Mr. Hersch most likely mean when he writes, "XXXXXXXXXX"?

Berenice Stahl (10:44 A.M.)
----------------------------.　←直前の書き込み
Marcel Hersch (**10:45** A.M.)
XXXXXXXXXX. --------------.　←直後の書き込み

Point 文脈の中で書き込みの意図を判断することが大事。

receive **rewards**

目標タイム④分

Questions 36-39 refer to the following online chat discussion.

① - ①① - ①①① Live Chat ⊟ ⊠

Marcel Hersch (10:35 A.M.)
Thank you all for joining in. Has the shipment of parts from Kontakt Supply arrived yet?

Berenice Stahl (10:36 A.M.)
They had some technical problems in their warehouse, so they are behind schedule. They called me about 15 minutes ago about it.

Marcel Hersch (10:38 A.M.)
When did they say they could send the boxes? We need those parts to repair at least twenty broken appliances waiting in our shop.

Berenice Stahl (10:39 A.M.)
Carina from operations told me they are hoping to ship them out tomorrow morning. She'll update me on their progress in the afternoon.

Paloma Valerio (10:40 A.M.)
This will seriously upset our operations. The laundry from Briston Street just called me about their washing machines again. They want them fixed and sent back as soon as possible.

Marcel Hersch (10:42 A.M.)
I know. Those machines are already a priority. When the parts shipment comes in, our technicians can start work on them right away and can even stay overtime.

Paloma Valerio (10:43 A.M.)
That will certainly be necessary.

Berenice Stahl (10:44 A.M.)
We could also offer a discount because of this situation.

Marcel Hersch (10:45 A.M.)
Let's hold off on that for now. Berenice, text me as soon as Kontakt ships out those boxes.

36. What type of business do the chat participants most likely work for?
(A) A cleaning service
(B) A shipping company
(C) A manufacturer
(D) A repair shops

○ △ ✕   ○ △ ✕   ○ △ ✕
1回目 ☐☐☐   2回目 ☐☐☐   3回目 ☐☐☐

37. What problem did Ms. Stahl share with her coworkers?
(A) A delivery has been delayed.
(B) A warehouse has been closed.
(C) An order is incorrect.
(D) A purchase is too expensive.

○ △ ✕   ○ △ ✕   ○ △ ✕
1回目 ☐☐☐   2回目 ☐☐☐   3回目 ☐☐☐

38. What is suggested about the technicians?
(A) They are going to cancel a shipment.
(B) They need to send some boxes.
(C) They may work longer than usual.
(D) They will be going to a storage area.

○ △ ✕   ○ △ ✕   ○ △ ✕
1回目 ☐☐☐   2回目 ☐☐☐   3回目 ☐☐☐

39. At 10:45 A.M., what does Mr. Hersch most likely mean when he writes, "Let's hold off on that for now"?
(A) He agrees with a colleague's suggestion.
(B) He needs more time to take care of a task.
(C) He wants to focus on dealing with a shipping problem.
(D) He believes an action is unnecessary at the moment.

○ △ ✕   ○ △ ✕   ○ △ ✕
1回目 ☐☐☐   2回目 ☐☐☐   3回目 ☐☐☐

CHAPTER 1

CHAPTER 2

CHAPTER 3

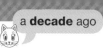 a **decade** ago

36-39番は次のオンラインチャットの話し合いに関するものです。

 Live Chat

マーセル・ハーシュ（午前10時35分）
皆さん、ご参加いただきありがとう。❸コンタクト・サプライ社からの部品
はもう届きましたか?

バニース・スタール（午前10時36分）
❹同社の倉庫で技術的な問題があり、予定より遅れています。この件に
ついて15分ほど前に私宛に電話がありました。

マーセル・ハーシュ（午前10時38分）
いつ荷物を送れると言っていましたか?　❶あの部品は、当店で待機中の、
少なくとも20台の故障機器を修理するために必要です。

バニース・スタール（午前10時39分）
運用部のカリーナは、明日の朝には発送したいと話していました。彼女は
今日の午後に進捗状況を報告してくれる予定です。

パロマ・ヴァレリオ（午前10時40分）
この事態は私たちの業務に深刻な混乱を招きます。先ほど、ブリストン通
りのクリーニング店から洗濯機の件でまた電話がありました。❷できる限
り早急に修理して送り届けてほしいとのことです。

マーセル・ハーシュ（午前10時42分）
わかっています。あの洗濯機は既に優先案件です。部品が届けば、❺当
社の技術者がすぐに取り掛かれますし、残業もできます。

パロマ・ヴァレリオ（午前10時43分）
それはたしかに必要ですね。

バニース・スタール（午前10時44分）
❻この状況なので、割引も提供した方がいいかもしれません。

マーセル・ハーシュ（午前10時45分）
現時点では保留にしておきましょう。❼バニース、コンタクト社が荷物を
発送し次第、すぐに私にメールしてください。

Q36.　正解 (D)　　　　　　　　　　　　　　　正答率 ▸▸ **73**%

〔3ステップ解説〕

STEP1 チャット参加者が勤めている会社の業種を推測して答える問題。

STEP2 午前10時38分に、発送が遅れている部品に関して We need those parts to repair at least twenty broken appliances waiting in our shop. （和訳❶）と Hersch さんが書き込んでいることから、チャット参加者のお店には修理待ちの **broken appliances（壊れた電化製品）** があることがわかる。また、午前10時40分に Valerio さんが、再度問い合わせをしてきた **laundry（クリーニング店）** について They want them fixed and sent back as soon as possible. （和訳❷）と書いていることから、チャット参加者の会社は顧客から預かった製品を修理して送り返す業務をしていることがわかる。

STEP3 よって、(D) が正解。本文に登場する laundry という単語につられて (A) を、shipment につられて (B) を、appliances や washing machines につられて (C) をそれぞれ選ばないように注意したい。

〔設問の訳〕 **36.** チャットの参加者はおそらくどんな会社で働いていますか?
(A) 清掃サービス会社　　　　　　　　(B) 配送会社
(C) 製造会社　　　　　　　　　　　　(D) 修理店

スコアアップ♪のポイント

online chat discussion では、チャット参加者の会社の業種を問う問題に注意しましょう。問題作成者は、受験者を誤答に導くための trap (罠) を仕掛けることがよくあります。例えば、チャット参加者の会社と取引のある別の会社を登場させたり、会社の業務に直接的には関係しない小さなトラブル (配送の遅延やシステムの障害など) に触れて受験者を惑わせます。こうした trap にひっかからないように注意しながら、チャット参加者が勤務する会社を見極めるようにしましょう。

💬チャットで使える表現

Thank you all for joining in.
(皆さんご参加いただきありがとうございます。)

Our project is behind schedule.
(我々のプロジェクトは予定よりも遅れています。)

She'll update me on her progress in the afternoon.
(彼女は今日の午後に進捗状況を報告してくれる予定です。)

Q37. 正解 (A)

3ステップ解説

STEP1 Stahl さんが同僚と共有している問題を答える問題。

STEP2 午前10時35分の Hersch さんの書き込み Has the shipment of parts from Kontakt Supply arrived yet? (和訳❸) を受けて、午前10時36分に Stahl さんが They had some technical problems in their warehouse, so they are behind schedule. (和訳❹) と書き込んでいる。ここから、Stahl さんは部品の発送が遅れているという問題を同僚に伝えていることがわかる。

STEP3 よって、they are behind schedule (Kontakt Supply 社の作業は予定よりも遅れている) を **A delivery has been delayed.** (**配達が遅れている**) と言い換えている (A) が正解。

設問の訳 **37.** スタールさんは同僚とどんな問題を共有しましたか?
(A) 配達が遅れている。　　(B) 倉庫が閉鎖した。
(C) 発注に誤りがある。　　(D) 購入品が高すぎる。

Q38. 正解 (C)

3ステップ解説

STEP1 技術者について推測できることを答える問題。

STEP2 午前10時42分の Hersch さんの書き込みを見ると、部品が届いた場合の対応について our technicians can start work on them right away and can even stay overtime (和訳❺) と、技術者が残業して対応できる旨を伝えていることがわかる。

STEP3 よって、**stay overtime** (**残業する**) を **work longer than usual** (**いつもより長く働く**) で言い換え、その可能性について述べている (C) が正解。

設問の訳 **38.** 技術者について何が示唆されていますか?
(A) 発送品をキャンセルする。
(B) 荷物を送る必要がある。
(C) 通常よりも長時間働くかもしれない。
(D) 倉庫エリアに行く予定だ。

Q39. 正解 (D)

正答率 ▶▶ **32**%

〔3ステップ解説〕

STEP1 Hersch さんが "Let's hold off on that for now" と書き込んでいる意図を答える問題。

STEP2 午前10時44分の Stahl さんの We could also offer a discount because of this situation.（和訳❻）という提案に対して、Hersch さんは該当の書き込みに続いて Berenice, text me as soon as Kontakt ships out those boxes.（和訳❼）と、Berenice さんに指示を出している。**hold off on** は「**（行動など）を遅らせる、（決定など）を先送りする**」、**for now** は「**今のところ、差し当たりは**」という意味なので、Hersch さんは値引きの提供については今すぐ行うべきアクションではないという意図で Let's hold off on that for now. と書き込んでいると考えられる。

STEP3 よって、offer a discount という行為を action、for now を **at the moment**（**現在、今のところ**）で言い換えて、保留にすることを提案している（D）が正解。（A）は、Stahl さんの提案に同意していることになるので不適切。Hersch さんは **task**（**仕事、課題**）に取り組む時間が欲しくてStahlさんの提案を後回しにしたいわけではないので、（B）は不正解。また、**shipping problem**（**発送の問題**）については Hersch さんが取り組むべき問題ではなくKontakt Supply 社が対応すべき問題なので、（C）も不正解。

〔設問の訳〕 **39.** 午前10時45分のハーシュさんの書き込み「現時点では保留にしておきましょう」は、おそらく何を意味していますか?
(A) 同僚の提案に賛同している。
(B) ある仕事に対応するための時間がもっと必要だ。
(C) 配送の問題への対応に集中したい。
(D) 現時点でその対応は必要ないと思っている。

💬 **チャットで使える表現**

This is a priority.（これは優先すべき案件です。）

That will certainly be necessary.（それは確かに必要です。）

Let's hold off on that for now.（現時点では保留にしておきましょう。）

Text me as soon as possible.（できるだけ早く私の携帯にメールで連絡するように。）

C H A P T E R 1

C H A P T E R 2

C H A P T E R 3

a **spacious** meeting room

キーワードをチェック!!

⬇30

★ ☐ registration	レジストレイシャン [redʒistréiʃən]	名 UC 登録
☐ networking	ネットワーキング [nétwə́:rkiŋ]	名 UC 人脈づくり
★ ☐ enhance	インハンス [inhǽns]	動 他 (質など) を高める
☐ administrator	アドミニストレイター [ædmínəstreitər]	名 C 管理者
★ ☐ effective	イフェクティヴ [iféktiv]	形 効果的な
★ ☐ spreadsheet	スプレッドシート [sprédʃiːt]	名 C 表計算ソフト
★ ☐ app	アップ [ǽp]	名 C アプリ (application の略語)
☐ organize	オーガナイズ [ɔ́ːrgənaiz]	動 他 (イベントなど) を企画する
☐ efficiently	イフィシェントリィ [ifíʃəntli]	副 効率的に
★ ☐ reasonable	リーズナブル [ríːzənəbl]	形 (価格が) 手頃な 同 affordable
☐ adjustable	アジャスタブル [ədʒʌ́stəbl]	形 調節可能な
★ ☐ complimentary	カンプリメンタリィ [kɑmpləméntəri]	形 無料の
★ ☐ laptop	ラップタップ [lǽptɑp]	名 C ノート型パソコン
☐ device	ディヴァイス [diváis]	名 C 機器、装置
★ ☐ so that ～		～するために (目的)
☐ range from A to B to C		(範囲が) A から B や C にまで及ぶ
★ ☐ please note that ～		～にご留意ください
★ ☐ for free		無料で

意識すべきポイントをチェック!!

① 設問数&文書タイプの確認

Questions **40-43** refer to the following **schedule**.

Point 何のスケジュールなのか意識しながら読む。

② レイアウトの確認

タイトル	
9:00-9:45 A.M.	セッション名
9:45-10:45 A.M.	セッション名
⋮	

Point **タイトルを確認**する。
Point **各時間枠で独立したセッションの説明が続くことを確認**する。

 セッション名で当たりをつけながら、設問に応じて必要な箇所の説明を読みにいくアプローチで解答できないかトライ!

③ 設問文の確認

40. **Who** would **most likely** ...?

Point 設問で問われている内容（要点）を記憶する。
most likely なので、推測して答える問題であることを意識する。

④ 本文を読む

タイトル	
9:00-9:45 A.M.	セッション名
9:45-10:45 A.M.	セッション名
⋮	

Point **それぞれのセッションの共通点を見つけるような設問は、正解が判断できるところまで読み進める**

⑤ 選択肢の確認

Point **設問40の選択肢をチェックして正解を判断**する。

⑥ 解答する

解答欄にマークする。

※設問41〜43についても、同様に❸〜❻を繰り返す（❹で読む段落は必要に応じて先に進める）

目標タイム **4** 分

Questions 40-43 refer to the following schedule. 🔊 31

Conference Schedule for March 9

9:00-9:45 A.M.	**Registration and networking**

9:45-10:45 A.M.	**Enhancing Productivity**

You are always busy and seem to be the only person trying to solve all of the problems in the office. In this session you will learn how to assign some of your work to others, so that you can be more effective yourself.

Instructor: Wami Kubota

11:00-11:45 A.M.	**Technology and administration**

Office jobs have become more high-tech, so administrators have to do the same. This session reviews some of the basic office administration technologies you will need, from electronic spreadsheets to basic accounting apps.

Instructor: Emily Misra

12:00-1:00 P.M.	**Lunch**

1:00-2:00 P.M.	**Event Planning**

A modern company may have several events each quarter, ranging from employee picnics to shareholder meetings to charity dinners. Our expert trainer will help you organize these quickly, efficiently, and at a reasonable cost.

Instructor: Klaus Jakobsen

2:15-3:15 P.M.	**Social skills and leadership**

Administrators often have to organize groups to complete tasks. Here, you will learn not only to lead staff, but to cooperate with other managers effectively.

Instructor: Amaya Saunders

Please note that our conference room is equipped with fully adjustable desks and complimentary high-speed Internet. Use it for your mobile phone, tablet, laptop or other device.

40. Who would most likely attend the conference?
  (A) Administrative supervisors
  (B) Computer programmers
  (C) Industry analysts
  (D) Marketing consultants

1回目 ○ △ × 2回目 ○ △ × 3回目 ○ △ ×

41. When will the session on organizing gatherings be held?
  (A) At 9:45 A.M.
  (B) At 11:00 A.M.
  (C) At 1:00 P.M.
  (D) At 2:15 P.M.

1回目 ○ △ × 2回目 ○ △ × 3回目 ○ △ ×

42. What is NOT mentioned in the conference schedule?
  (A) The event date
  (B) The instructors' names
  (C) The title of each session
  (D) The meeting venue

1回目 ○ △ × 2回目 ○ △ × 3回目 ○ △ ×

43. According to the schedule, what is provided for free?
  (A) Lunch
  (B) Adjustable chairs
  (C) Internet service
  (D) Tablets

1回目 ○ △ × 2回目 ○ △ × 3回目 ○ △ ×

CHAPTER 1

CHAPTER 2

CHAPTER 3

40-43番は次のスケジュールに関するものです。

3月9日の会議スケジュール
午前9時−9時45分　　　　　登録と人脈づくり
午前9時45分−10時45分　　　生産性の強化
❶いつも忙しくて、職場の問題全てを1人で解決しようとしていませんか? このセッションでは、自身がより効果的に仕事に取り組むため、他の人に自分の仕事を割り当てる方法を学びます。
講師:ワミ・クボタ
午前11時−11時45分　　　　技術と管理
❷事務職には先端技術が用いられるようになったため、管理者も同じように対応する必要があります。このセッションでは、電子的なスプレッドシートから基礎的な経理アプリまで、必要となる基本的なオフィス管理技術を振り返ります。
講師:エミリー・ミズラ
午後12時−1時　　　　　　　昼食
午後1時−2時　　　　　　　　イベント企画
現代の会社では、社員ピクニックから株主総会やチャリティー夕食会まで、様々なイベントが各四半期に開かれているかもしれません。❹弊社の熟練トレーナーがこれらのイベントを迅速に、効率的に、そして低価格で運営するお手伝いをいたします。
講師:クラウス・ジェイコブソン
午後2時15分−3時15分　　　社会的能力とリーダーシップ
❸仕事を完了させるため、管理者は時折グループをまとめる必要があります。ここでは、スタッフを率いるだけでなく、他の経営者たちと効果的に協力することについて学習します。
講師:アメイヤ・ソーンダース
❺当会議室は調節可能なデスクと無料の高速インターネットが完備されています。❻携帯電話やタブレット端末、ノートパソコン、その他の機器にお使いください。

Q40. 正解 (A) 正答率 ▶▶ **90**%

3ステップ解説

STEP1 会議への出席者を推測して答える問題。

STEP2 午前9時45分から開始するEnhancing Productivity（生産性の強化）の案内に You are always busy and seem to be the only person trying to solve all of the problems in the office.（和訳❶）とあるので、参加者はオフィスで起こる問題を解決する責任がある人たちだと推測できる。また、午前11時から開始するTechnology and administration（技術と管理）に関する記載 Office jobs have become more high-tech, so administrators have to do the same.（和訳❷）、午後2時15分から開始するSocial skills and leadership（社会的能力とリーダーシップ）にある Administrators often have to organize groups to complete tasks.（和訳❸）から、このセッションは administrators（管理者）向けであると考えられる。

STEP3 よって、administrators を administrative supervisors と言い換えている (A) が正解。

設問の訳 **40.** おそらく誰がこの会議に出席しますか？
(A) 管理責任者　　　　　　　　　　(B) コンピュータープログラマー
(C) 産業アナリスト　　　　　　　　(D) マーケティングコンサルタント

 スコアアップ のポイント

schedule や **agenda（議題）** に記載されているセッション内容から会議への出席者を推測する場合は、各セッションの説明文から参加者が担っている役割や責任を捉えて、そこから職種や役職を推測するようにしましょう。

Q41. 正解 (C) 正答率 ▶▶ **56**%

3ステップ解説

STEP1 会合の企画に関するセッションが行われる時間を答える問題。

STEP2 **gathering** が「**集まり、会合**」という意味だということを知っていれば、午後1時から開始する Event Planning（イベント企画）が該当するのではないかと推測することができる。詳細を確認すると、employee picnics や **shareholder meetings（株主総会）**、**charity dinners（慈善目的の夕食会）** などの会合が紹介され、Our expert trainer will help you organize these quickly, efficiently, and at a reasonable cost.（和訳❹）で専門家がその企画を手助けするとあるので、該当するのはこのセッションで間違いないと判断できる。

STEP3 よって、(C) が正解。

C H A P T E R 1

C H A P T E R 2

C H A P T E R 3

設問の訳 **41.** 会合の企画に関するセッションはいつ開かれますか?
(A) 午前9時45分 　　　　　　　　(B) 午前11時
(C) 午後1時 　　　　　　　　　　(D) 午後2時15分

Q42. 正解 (D) 　　　　　　　　　　　正答率 ▶▶ **88**%

3ステップ解説

STEP1 会議のスケジュールで言及されていないことを答える問題。

STEP2 NOT問題なので、選択肢と本文の内容を照らし合わせて、本文の内容と合わない選択肢を1つ選ぶ。(A) のイベントの日付についてはスケジュールのタイトルに Conference Schedule for March 9 とある。(B) の講師の名前については各セッションの説明の最後にそれぞれ記載がある。(C) の各セッションのタイトルはそれぞれ時間の横に記載されている。

STEP3 会議の場所についてはスケジュールに記載がないので、(D) が正解。**venue** (**会場**) はTOEICに頻出するので必ず押さえておこう。

設問の訳 **42.** 会議のスケジュールで示されていないのは何ですか?
(A) イベント日程 　　　　　　　　(B) 講師名
(C) 各セッションのタイトル 　　　(D) ミーティング会場

Q43. 正解 (C) 　　　　　　　　　　　正答率 ▶▶ **90**%

3ステップ解説

STEP1 無料で提供されるものを答える問題。

STEP2 スケジュールの最後の欄に Please note that our conference room is equipped with fully adjustable desks and complimentary high-speed Internet. (和訳❺) とあるので、インターネットに無料で接続できることがわかる。

STEP3 よって、high-speed Internet を internet service と言い換えている (C) が正解。(A) の昼食は12時から予定されてはいるが、無料で提供されるとは書かれていない。(B) の adjustable chairs は adjustable desks であれば正解。タブレットについては、最後の1文 Use it for your mobile phone, tablet, laptop or other device. (和訳❻) に記載があるが、これはインターネットを手持ちの機器で使用可能であるという案内をしているだけであって、タブレットを無料で貸し出すわけではないので、(D) は不正解。

設問の訳 **43.** スケジュールによると、何が無料で提供されますか?
(A) 昼食 　　　　　　　　　　　　(B) 調節可能な椅子
(C) インターネットサービス 　　　(D) タブレット端末

スコアアップのポイント

Part 7 では、無料で提供されるものを問う問題がよく出題されます。本文中に登場する① complimentary（**無料の**）、② for free（**無料で**）、③ at no charge[cost]（**無料で**）、④ free of charge（**無料で**）といったキーワード／キーフレーズを決して見逃さないようにしましょう。

the **surrounding** area

キーワードをチェック!! ⬇32

☐ lively	ライヴリィ [láivli]	形 活気のある	
☐ approve	アプルーヴ [əprúːv]	動 他 ～を承認する 自 賛成する 反 disapprove（反対する）	
★ ☐ though	ゾウ [ðóu]	接 ～だけれども、～にもかかわらず	
★ ☐ previous	プリヴィアス [príːviəs]	形 前の、以前の	
★ ☐ affordable	アフォーダブル [əfɔ́ːrdəbl]	形 （価格が）手頃な 同 reasonable	
★ ☐ nearly	ニアリィ [níərli]	副 およそ 同 about, approximately	
☐ architect	アーキテクト [ɑ́ːrkətekt]	名 C 建築家	
☐ resident	レズィデント [rézədənt]	名 C 居住者 類 tenant（賃借人、居住者）	
★ ☐ shuttle	シャトゥル [ʃʌ́tl]	名 C （バスなどの）定期往復便	
☐ ecological	イーカラジカル [iːkəládʒikəl]	形 ①生態学の ②環境保護の	
★ ☐ aspect	アスペクト [æspekt]	名 C 側面	
☐ trail	トレイル [tréil]	名 C （舗装されていない）道、小道	
★ ☐ alternative	オルターナティヴ [ɔːltə́ːrnətiv]	名 C 代わりになるもの、代替手段、代替品	
★ ☐ outdated	アウトデイティッド [autdéitid]	形 時代遅れの、旧式の	
☐ transform A into B		A を B に変える	
★ ☐ city council		市議会	
★ ☐ B as well as A		A 同様 B も	
★ ☐ environmentally friendly		環境に優しい	
☐ groundbreaking ceremony		起工式	
★ ☐ city center		都心、街の中心	

意識すべきポイントをチェック!!

① 設問数&文書タイプの確認

Questions **44-47** refer to the following **article**.

Point 誰が何のために記事を書いたのかを意識しながら読む。

② レイアウトの確認

Point 本文に1文挿入問題の空所 **[1]** ～ **[4]** が空いていることを確認する。

Point 2つの段落で構成されていることを確認する。

戦略 「1文挿入問題で与えられている1文」と「最初の設問」を両方チェックしてから本文を読み始める!

③ 設問文の確認

Point 「1文挿入問題の1文」→「最初の設問」の順にチェックする。

47. In which of the positions marked [1], [2], [3], and [4] does the following sentence best belong?
"**XXXXXXXXXXXXXXXXXXXXXXXXXXXXX**."

44. **What** is **suggested** about ...?

Point 1文挿入問題の1文と、最初の設問の内容(要点)を記憶する。

④ 本文を読む

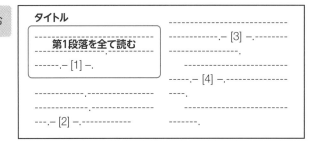

```
タイトル                          ---------------------------
                                 ------------.– [3] –.---------
┌─────────────────┐             ------------------.
│   第1段落を全て読む   │
└─────────────────┘             ---------------------------
------.– [1] –.                  -----.– [4] –.-----------------
                                 ----.
------------.----------------
                                 ---------------------------
------------.----------------
                                 -------.
---.– [2] –.------------
```

Point 空所が登場するたびに、与えられた1文がその場所に挿入できるか否かを検討する。

⑤ 選択肢の確認

Point 設問44の選択肢をチェックして正解を判断する。

⑥ 解答する

解答欄にマークする。

Point 設問47は1文が入る空所がわかった時点で解答する。

※設問45、46についても、同様に③～⑥を繰り返す(④で読む段落は先に進める)

address a problem

Questions 44-47 refer to the following article.

A New Community for All
By Carmen Tafalla

October 12

A 10-square-kilometer site in the northern part of San Parga City will be transformed into a lively residential community, since Nores Development Group's plans were approved by the city council yesterday. Though there had been talks about industrial development on the site in previous years, the company decided to address a severe housing problem instead. —[1]—.

Nores is planning to build 800 homes as well as three apartment buildings, all funded by Capteo Bank. This will provide a variety of affordable choices for living in the northern districts, where nearly 40 percent of San Parga's working population is employed.

Abel Gardner, the architect who is supervising the project, said in a press conference, "When all of this is completed, families will save a lot of time, money and stress by shortening their commutes. —[2]—. This is a win-win situation for both the city and its residents."

In addition, a modern shuttle bus transit center, linking the newly developed area to the downtown district, will be completed in about a year. —[3]—. Nores believes locals will also enjoy the ecological aspects of the project. "We have included bike and walking trails in our plan to provide residents with environmentally friendly alternatives to cars," said Gardner. —[4]—.

A groundbreaking ceremony for the project is scheduled to be held early next month.

44. What is suggested about San Parga City?
(A) It has a shortage of housing for its residents.
(B) It attracts more tourists than ever.
(C) It wants to save money on development.
(D) It has replaced its outdated public transportation.

○ △ ×
1 回目 □□□　2 回目 □□□　3 回目 □□□

45. According to the article, what is a benefit of the development project?
(A) Bigger public events
(B) Easier access to workplaces
(C) Quicker local train rides
(D) More profit for the city

○ △ ×
1 回目 □□□　2 回目 □□□　3 回目 □□□

46. What is indicated about the groundbreaking ceremony?
(A) It will be celebrated by local residents.
(B) It will raise public awareness on the environment.
(C) It will take place in November.
(D) It will require additional funding.

○ △ ×
1 回目 □□□　2 回目 □□□　3 回目 □□□

47. In which of the positions marked [1], [2], [3], and [4] does the following sentence best belong?

"This will allow people to reach the city center more quickly."

(A) [1]
(B) [2]
(C) [3]
(D) [4]

○ △ ×
1 回目 □□□　2 回目 □□□　3 回目 □□□

tuition fees

44-47番は次の記事に関するものです。

皆のための新しいコミュニティー

カーメン・タファーラ著

10月12日

サンパルガ市の北部に位置する10平方キロメートルの敷地は、ノアズ開発グループ社の計画が昨日同市議会によって承認されたことで、活気のある住宅コミュニティーの場へと姿を変える。過去数年の間にはこの土地の産業的な開発について議論があったものの、❶同社は代わりに深刻な住宅問題に対応する決断をした。— [1] —。

キャプテオ銀行から全面的に資金援助を受け、❷ノアズは3軒のアパートと800戸の戸建てを建設する予定だ。この計画により、サンパルガの人口のおよそ40パーセントの人が雇用されている北部地域に暮らすための様々な選択肢が手頃な価格で提供される。この事業を統括してい

る建築士のアベル・ガードナーは記者会見で次のように述べた。「❸この計画が全て完了すれば、世帯は通勤距離が短くなることで、多くの時間、お金、身体への負担をかけずに済むようになります。— [2] —。❹これは都市とその住民両者にとってウィンウィンの関係なのです。」

さらに、新しく開発されるエリアと都心部を結ぶ、現代的なシャトルバスの交通センターが1年ほどで完成する予定だ。— [3] —。ノアズ社はこの計画の環境保護の側面も地元の人たちに感じていただけると信じている。「弊社は、環境に配慮した車の代替手段を住民に提供するため、自転車用と歩行者用の非舗装路を計画に含めています」とガードナー氏は述べた。— [4] —。

❺このプロジェクトの起工式は来月上旬に執り行われる予定だ。

ビジネスメールで使える表現

This is a win-win situation for both sides.
（これは双方にとって有利な状況です。）

Q44. 正解 (A)　　　　　　　　　　　　　　　正答率 ▶▶ **71**%

3ステップ解説

STEP1 San Parga 市について推測できることを答える問題。

STEP2 第1段落の冒頭文で San Parga 市の北部が **lively residential community**（**活気のあるコミュニティー**）になる可能性がある旨伝えたあと、続く第2文の the company decided to address a severe housing problem instead（和訳❶）から、San Parga 市は深刻な住宅問題を抱えていることがわかる。また、第2段落冒頭文の Nores is planning to build ８００ homes as well as three apartment buildings（和訳❷）で具体的な建設計画が述べられていることから、San Parga 市は住宅不足の問題を抱えていると考えられる。

STEP3 よって、(A) が正解。

設問の訳　**44.** サンパルガ市について何が示唆されていますか?
　　　　(A) 住宅が不足している。
　　　　(B) かつてないほど多くの観光客の注目を集めている。
　　　　(C) 開発費を抑えたい。
　　　　(D) 古い交通機関を新しいものに替えた。

Q45. 正解 (B)　　　　　　　　　　　　　　　正答率 ▶▶ **83**%

3ステップ解説

STEP1 記事に書かれている計画の利点を答える問題。

STEP2 第2段落の空所 [2] の直前にある、建築家 Abel Gardner さんの記者会見でのコメント When all of this is completed, families will save a lot of time, money and stress by shortening their commutes.（和訳❸）に着目する。これは、職場への通勤が便利になるという開発計画の利点を述べている。

STEP3 よって、それを **workplaces**（**職場**）への行きやすさという言葉で言い表している (B) が正解。通勤時間の短縮については本文に記載があるが、普通列車に乗車している時間が短くなるとはどこにも書かれていないので、(C) は不正解。また、第2段落最終文に This is a win-win situation for both the city and its residents.（和訳❹）とあるが、市側の具体的なメリットについてはこの1文からは判断できないので、(D) も不正解。

設問の訳　**45.** 記事によると、開発プロジェクトの利点は何ですか?
　　　　(A) より規模の大きい公共イベント　　　(B) 職場への行きやすさ
　　　　(C) 普通列車乗車時間の短縮　　　　　　(D) 市の収入の増加

Q46. 正解 (C)　　　　　　　　　　　　　　正答率 ▶▶ **87**%

3ステップ解説

STEP1 起工式について言えることを答える問題。

STEP2 最終段落の1文、A groundbreaking ceremony for the project is scheduled to be held early next month. (和訳❺) および、記事が書かれた日付 October 12 から、**groundbreaking ceremony (起工式)** は11月に行われる予定だとわかる。

STEP3 よって、(C) が正解。(A)、(B)、(D) については、いずれも本文にその根拠となる記載がないため正解として選ぶことはできない。(B) にある **raise public awareness (世間の意識を高める)** というフレーズは大事なので押さえておこう。

設問の訳 **46.** 起工式について何が言えますか?
(A) 地元の住民に祝われる。　　　(B) 環境について世間の意識を高める。
(C) 11月に行われる。　　　　　(D) 追加の資金が必要である。

Q47. 正解 (C)　　　　　　　　　　　　　　正答率 ▶▶ **64**%

3ステップ解説

STEP1 与えられた1文を挿入する適切な位置を答える問題。

STEP2 1文の冒頭にある、**city center (都心部)** へのより早いアクセスを可能にする this が指すものを見極める。[3] に入れれば、this が「新しく開発されるエリアと **downtown district (商業地区、都心部)** を結ぶ a modern shuttle bus transit center (現代的なシャトルバス交通センター) の完成」という直前の1文の内容を指して文意を成す。

STEP3 よって、(C) が正解。[1] に入れた場合は、this が直前の the company decided to address a severe housing problem instead (和訳❶) を指すことになるが、この決定と、人々がより早く都心部に行けるようになるというメリットは、直接的には結びつかないので不正解。また、「通勤距離が短くなることで、時間やお金、身体への負担をかけずに済むようになる」と、「これにより、人々はより早く都心部に行けるようになる」という1文は論理的につながらないので、[2] に入れるのも不適切。さらに、車の **alternatives (代替手段)** として自転車と歩行者用の **trails (非舗装路、小道)** を作るからといって、都心部へより早く到着することにはならないので、[4] にも入らない。

設問の訳 **47.** [1]、[2]、[3]、[4] のうち、次の文が入る最も適切な箇所はどこですか?
「これにより、人々はより早く都心部に行けるようになる。」
(A) [1]　　　　　　　　　　　(B) [2]
(C) [3]　　　　　　　　　　　(D) [4]

CHAPTER 3

DP/TP

マルティプルパッセージ

5問タイプ

マルティプルパッセージ
3つの心得！

ここからは、1つの問題セットに2つまたは3つの文書が登場するマルティプルパッセージ問題です。マルティプルパッセージと聞くと、何となくハードルが高そうに感じるかもしれませんが、次の "3つの心得" を胸に、落ち着いて臨めば大丈夫です！

1 解き方は基本的に
シングルパッセージ問題と同じ

ダブルパッセージ問題だから、トリプルパッセージ問題だからといって何か特別な解き方をしなければいけないというわけではありません。シングルパッセージ問題と同じ解法の手順を踏めばOKです。

**文書間で情報を結び付けて答える
クロスリファレンス問題に注意する**

シングルパッセージ問題との違いは、1つの文書を読ん
だだけでは解答できない設問が5問中1〜3問出題される
という点です。1つの文書を読んでも答えが出せない場
合は、残りの文書を読み、関連する情報を結び付けて解
答するようにしましょう。

 **時間がなくても
同義語問題は必ず解く**

同義語問題（P23参照）は、該当語句の前後を見れば
すぐに解ける問題もあります。本番のテストで残り時間
がわずかになっても、諦めずに同義語問題だけは積極的
に解きにいきましょう。

CHAPTER 1

CHAPTER 2

CHAPTER 3

キーワードをチェック!!

⬇ 34

□ exclude	イクスクルード [iksklú:d]	動 他 ～を除く、除外する 反 include（～を含む）
□ rate	レイト [réit]	名 C ①価格　②割合
□ checkout	チェカウト [tʃékaut]	名 C （お店の）レジ、 （ホテルでの）チェックアウト
★ □ various	ヴェアリアス [véəriəs]	形 さまざまな
★ □ occasion	オケイジャン [əkéiʒən]	名 C ①機会　②イベント、行事
□ solve	サルヴ [sálv]	動 他 （問題など）を解決する
★ □ reach	リーチ [rí:tʃ]	動 他 ①（人）に連絡がつく ②（場所）に到着する
★ □ inventory	インヴェントリィ [ínvəntɔːri]	名 C 在庫、商品リスト
★ □ domestic	ドメスティック [dəméstik]	形 ①国内の　②家庭内の
★ □ specific	スピスィフィック [spisífik]	形 ①特定の、特有の ②明確な、具体的な
★ □ questionnaire	クウェスチョネアー [kwestʃənéər]	名 C アンケート
★ □ invoice	インヴォイス [ínvɔis]	名 C （明細付き）請求書
□ complaint	コンプレイント [kəmpléint]	名 C 苦情
□ at no cost		無料で　同 free of charge
★ □ proceed to ～		～に進む
★ □ text message		携帯電話で送受信するメッセージ
□ To whom it may concern		ご担当者様　※担当者名がわからない 場合のメールの書き出し
□ in a hurry		急いで
□ repeat customer		常連客 同 regular customer[patron]
★ □ inquire about ～		～について尋ねる

148

意識すべきポイントをチェック!!

① 設問数&文書タイプの確認

Questions **48-52** refer to the following **Web page** and **e-mail**.

② レイアウトの確認

タブ&タイトル

-------.---------------.
1.
2.
3.
4.

ヘッダー情報
------------------.--------
-------.---------------.---
----------.-----------------
--.---------------.

③ 設問文の確認

48. What is ...?

Point 設問で問われている内容（要点）を記憶する。

戦略 「まずウェブページの第1段落を読んで設問48に解答できないかトライ！ 解けなければ第2段落も読んで再度トライする。

④ 本文を読む

タブ&タイトル

-------.---------------.
第1段落を全て読む
1.
2.
3.
4.

ヘッダー情報
------------------.--------
-------.---------------.---
----------.-----------------
--.---------------.

⑤ 選択肢の確認

Point 本文の内容の言い換えや誤答の選択肢のひっかけに注意しながら**設問48の選択肢をチェックして正解を判断**する。

⑥ 解答する

解答欄にマークする。

※設問49〜52についても、同様に**③**〜**⑥**を繰り返す（**④**で読む箇所〔文書〕は必要に応じて先に進める）

※ダブルパッセージでは、**2つの文書の情報を紐づけて解答するクロスリファレンス問題（P27参照）に注意**する。

a product **launch**

Questions 48-52 refer to the following Web page and e-mail.

Kar Zoom
Your Number 1 Source for Everything Your Car Needs

We offer free delivery within the United States for purchases totaling over $50. This service is available on more than 100,000 items, but please note that gift cards are excluded. The shipping rate for all other purchases is $9.99. We do not ship items internationally.

If you want to pick up your order at no cost, follow these easy steps:

1. Find the part you need. Check to see if it is available for store pick-up.
2. Select "Store pick-up" next to the price of the product. Choose a store location near you.
3. When you have picked all the items you need, proceed to checkout and select payment. You can choose from several options including credit card, store card or app. We will send you a text message as soon as the items are ready for you.
4. Go to the store you selected and pick up your order. Don't forget to bring a photo ID and your order confirmation with you.

To:	info@www.karzoom.com
From:	henrikarnus@sharemail.com
Date:	October 15
Subject:	Order CZ37593

To Whom It May Concern,

I have used your online store on various occasions, mainly for accessories and I've always been satisfied with your services. Yesterday, however, when I went to your Phoenix store to pick up an order, the assistant could not locate my package. I was in a hurry, so I had to leave and have not heard from him, though he promised to call me. Please solve this problem as soon as possible and confirm the current status of my order. You can reach me through my mobile phone at 212-555-1763.

Thanks,

Henrik Arnus

CHAPTER 1

CHAPTER 2

CHAPTER 3

48. What is indicated about Kar Zoom?

(A) It mainly sells a variety of home appliances.
(B) It has added new items to its inventory.
(C) It offers discounts to repeat customers.
(D) It only accepts domestic orders.

1 Ⓐ B ☐☐☐   2 Ⓐ B ☐☐☐   3 Ⓐ B ☐☐☐

49. What is a required step for store pickup?

(A) Purchasing items totaling over $50
(B) Choosing a payment method
(C) Entering a specific code
(D) Completing a questionnaire

1 Ⓐ B ☐☐☐   2 Ⓐ B ☐☐☐   3 Ⓐ B ☐☐☐

50. What is the purpose of the e-mail?

(A) To inquire about an invoice
(B) To report a customer service problem
(C) To request additional car parts
(D) To respond to a complaint

1 Ⓐ B ☐☐☐   2 Ⓐ B ☐☐☐   3 Ⓐ B ☐☐☐

51. What is implied about Mr. Arnus?

(A) He received a text message.
(B) He paid for his purchase by credit card.
(C) He used to work at the Phoenix store.
(D) He forgot to take his ID with him.

1回目 ○△✕　2回目 ○△✕　3回目 ○△✕

52. According to the e-mail, what does Mr. Arnus want to receive?

(A) A confirmation code
(B) A store card
(C) A phone call
(D) A product warranty

1回目 ○△✕　2回目 ○△✕　3回目 ○△✕

48-52番は次のウェブページとメールに関するものです。

| 自動車部品 | 機器 | **お客様サービス** | 会社情報 |

カー・ズーム
車に必要なもの全てが揃う1番の店

購入金額の合計が50ドルを超える方にはアメリカ国内の無料配送を
ご提供いたします。このサービスは10万点以上の商品を対象として
いますが、ギフトカードでのお支払いの際は対象外となりますので
ご注意ください。その他の購入についての配送料は9ドル99セント
です。❶当店では、海外への配送はいたしません。

無料引き取りをご希望の方は、下記の簡単な手順に従ってください。

1. 必要な部品をお探しください。店舗受け取りの可否についてご確
   認ください。

2. 商品価格の横にある「店舗受け取り」をご選択ください。お近く
   の店舗をお選びください。

3. お求めの商品を全てお選びになりましたら、❷チェックアウトに
   進んでお支払い方法をお選びください。❸クレジットカードや店
   舗カード、アプリ等、様々なお支払方法の中からお選びいただけ
   ます。❺商品のご用意ができ次第、テキストメッセージをお送り
   いたします。

4. お選びになった店舗へご注文品を受け取りにお越しください。写
   真付きの身分証明書と注文確認書を必ずお持ちいただきますよう
   お願い申し上げます。

宛先：	info@www.karzoom.com
送信者：	henrikarnus@sharemail.com
日付：	10月15日
件名：	注文番号 CZ37593

ご担当者様

主に付属品の購入のため貴店のオンラインストアを何度か利用しましたが、貴店のサービスにはいつも満足していました。ところが、昨日❹注文品を受け取りにフェニックス店を訪れた際、アシスタントは私の注文品がどこにあるかわかっていませんでした。❺急いでいたので店を後にしたのですが、電話をくれると約束してくれたのにまだ連絡がありません。❼この問題を迅速に解決していただき、私の注文品の現在の状況を教えてください。❽私の携帯電話（212-555-1763）までご連絡ください。

よろしくお願いします。

ヘンリック・アーナス

ビジネスメールで使える表現

To whom it may concern
（関係者各位、ご担当者様）

Please solve this problem as soon as possible.
（この問題を迅速に解決してください。）

You can reach me through my mobile phone at 〈電話番号〉.
（私の携帯電話〈電話番号〉にご連絡ください。）

verify contact information

Q48. 正解 (D)　　　　　　　　　　　　　　　　正答率 ▶▶ **76**%

3ステップ解説

STEP1 Kar Zoom について言えることを答える問題。

STEP2 ウェブページの第1段落最終文に We do not ship items internationally.（和訳❶）とあるので、Kar Zoom は国内にのみ商品を発送していることがわかる。

STEP3 それはつまり、**domestic orders**（**国内の注文**）のみ受け付けているということなので、(D) が正解。ウェブページの一番左のタブに記載されている Auto Parts や、タイトルの下に記載されている *Your Number 1 Source for Everything Your Car Needs* から、Kar Zoom は主に車の部品や装備品を販売しているお店であり、**home appliances**（**家電製品**）を取り扱っているお店とは考えにくいので、(A) は不正解。また、第1段落第2文の This service is available on more than 100,000 items から **inventory**（**在庫**）は豊富にありそうだが、新商品を追加したとはどこにも書かれていないので、(B) も不正解。さらに、**repeat customers**（**常連客**）に割引を提供しているという記述も見当たらないので、(C) を選ぶこともできない。

設問の訳 **48.** カー・ズーム店について何が述べられていますか?
　　　　(A) 主にさまざまな家電製品を販売している。
　　　　(B) 新商品を在庫に追加した。
　　　　(C) 常連客には割引を提供している。
　　　　(D) 国内からの注文のみを受け付けている。

🖐️スコアアップ のポイント

Web page は、タブ（ページの内容を示す小タイトル）がURLの下にいくつか表示されていて、その1つが選択された状態になっていることがよくあります。例えば Customer Service が選択されていれば顧客サービスについて記載されているページが表示されていることになります。このタブの情報が正解を導くうえで大事な役割を果たすこともあるので、必ずチェックするようにしましょう。

Q49. 正解 (B)　　　　　　　　　　　　　　正答率 ▶▶ **73**%

[3ステップ解説]

STEP1 店舗での受け取りのために必要な手順の1つを答える問題。

STEP2 ウェブページに記載されている店舗での受け取り手順（steps 1 〜 4）の内容と選択肢を照らし合わせていくと、手順3に proceed to checkout and select payment（和訳❷）と指示があり、続く You can choose from several options including credit card, store card or app.（和訳❸）で具体的な支払い方法を挙げている。

STEP3 ここから、店舗での受け取りのためには **payment method**（**支払い方法**）を選ぶ必要があることがわかるので、(B) が正解。

[設問の訳] **49.** 店舗受け取りの際に求められる手順の1つは何ですか？
(A) 商品を合計50ドル以上購入する　　(B) 支払い方法を選択する
(C) 特定のコードを入力する　　(D) アンケートに回答する

 スコアアップ のポイント

app（アプリ）は **application** の略語です。その他TOEICに頻出する略語として、**ad**（広告〔**advertisement** の略〕）、**lab**（実験室、研究室〔**laboratory** の略〕）、**rep**（担当者〔**representative** の略〕）を押さえておきましょう。

Q50. 正解 (B)　　　　　　　　　　　　　　正答率 ▶▶ **69**%

[3ステップ解説]

STEP1 メールの目的を答える問題。

STEP2 **To Whom It May Concern**（**関係者各位、ご担当者様**）で始まる Arnus さんが書いたメールの3〜5行目で、when I went to your Phoenix store to pick up an order, the assistant could not locate my package（和訳❹）と、お店の担当者の問題点を述べている。また、続く I was in a hurry, so I had to leave and have not heard from him, though he promised to call me.（和訳❺）でも、担当者からの連絡が来ない旨を伝えている。

STEP3 よって、これらの問題を **customer service problem**（**顧客サービスの問題**）と言い換えている (B) が正解。

[設問の訳] **50.** メールの目的は何ですか？
(A) 請求書について問い合わせること
(B) 顧客サービスの問題について報告すること
(C) 追加の自動車部品を依頼すること
(D) 苦情に対して返答すること

last long

Q51. 正解 (A)　　　　　　　　　　　　　　　　　　　　正答率 ▶▶ 52%

3ステップ解説

STEP1 Arnus さんについて推測できることを答える問題。

STEP2 メールの3～4行目に when I went to your Phoenix store to pick up an order とあるので、Arnus さんはお店に商品を取りに行ったことがわかる。一方、ウェブページのピックアップの手順3に、We will send you a text message as soon as the items are ready for you.（和訳❻）とあるので、Arnus さんはお店から送られてきた **text message（携帯電話のメッセージ）** を見て、お店に向かったと考えられる。

STEP3 よって、(A) が正解。Arnus さんが実際にどの支払い方法を選択したのかについては本文に記載がないので、(B) は不正解。

設問の訳　**51.** アーナスさんについて何が示唆されていますか?
(A) テキストメッセージを受け取った。
(B) クレジットカードで購入した。
(C) フェニックス店に勤務していたことがある。
(D) 身分証明書を持参し忘れた。

Q52. 正解 (C)　　　　　　　　　　　　　　　　　　　　正答率 ▶▶ 81%

3ステップ解説

STEP1 Arnus さんが受け取りたいと思っているものを答える問題。

STEP2 Arnus さんはメールの7～8行目の Please solve this problem as soon as possible and confirm the current status of my order.（和訳❼）で、担当者の対応に関する問題の解決と注文した商品の状況確認を依頼しており、続く最終文 You can reach me through my mobile phone at 212-555-1763.（和訳❽）で、自分の携帯電話に連絡するよう促している。

STEP3 よって、(C) が正解。

設問の訳　**52.** メールによると、アーナスさんは何を受け取りたいですか?
(A) 確認コード　　　　　　　　　(B) 店舗カード
(C) 電話　　　　　　　　　　　　(D) 製品保証

158

Keep it up!

competitive services

キーワードをチェック!! ⬇36

☐ broaden	ブロードゥン [brɔ́ːdn]	動 他 ～を広げる
★ ☐ clientele	クライアンテル [klaiəntél]	名 単 (すべての) 顧客、常連客 注 常に単数形
★ ☐ alternatively	オールターナティヴリィ [ɔːltə́ːrnətivli]	副 あるいは、その代わりに
☐ capable	ケイパブル [kéipəbl]	形 有能な
★ ☐ reliable	リライアブル [riláiəbl]	形 信頼できる
★ ☐ once	ワンス [wʌ́ns]	接 いったん～すると、 ～するとすぐに
☐ substitution	サブスティテューシャン [sʌ̀bstətjúːʃən]	名 C UC 代わり、代替 参 人とモノのどちらに対しても使える
★ ☐ expertise	エクスパーティーズ [ekspərtíːz]	名 UC 専門知識
★ ☐ assignment	アサインメント [əsáinmənt]	名 C 割り当てられた仕事 UC 割り当て
☐ lengthen	レンスン [léŋkθən]	動 他 ～を長くする
★ ☐ colleague	カリーグ [káliːg]	名 C 同僚
☐ review	リヴュー [rivjúː]	動 他 ～を見直す、 (本など) を批評する
☐ participate in ～		～に参加する
★ ☐ take over ～		～を引き継ぐ
☐ as far as I know		私が知る限り
★ ☐ substitute for ～		～の代わりとなる、～の代理を務める
★ ☐ compensate A for B		AにBの補償をする
☐ paid leave		有給休暇
★ ☐ take place		開催される

意識すべきポイントをチェック!!

① 設問数&文書タイプの確認

Questions **53-57** refer to the following **e-mails**.

② レイアウトの確認

ヘッダー情報

ヘッダー情報

③ 設問文の確認

53. **What** is ...?

Point 設問で問われている内容（要点）を記憶する。

戦略 メールの第1段落を読んで設問53に解答できないかトライ!

④ 本文を読む

ヘッダー情報
第1段落を全て読む

ヘッダー情報

⑤ 選択肢の確認

Point 本文の内容の言い換えや誤答の選択肢のひっかけに注意しながら**設問53の選択肢をチェックして正解を判断**する。解けなければ第2段落を読んで再度トライする。

⑥ 解答する

解答欄に**マーク**する。

※設問54～57についても、同様に③～⑥を繰り返す（④で読む箇所〔文書〕は必要に応じて先に進める）
※**2つの文書の情報を紐づけて解答するクロスリファレンス問題に注意**する。

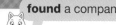 **found** a company

Questions 53-57 refer to the following e-mails.

目標タイム 5 分

To:	Ian Waltman
From:	Milena Sulco
Date:	October 3
Subject:	Next month

Hi, Ian,

Thank you for reminding me about the Grand Master Vegetarian Cooking Course you are going to attend next month. I am very glad that you decided to participate in the training because your new skills will help us in our efforts to broaden our menu and clientele.

I understand our need to have someone take over and lead your team while you are away. As far as I know, Roger, who would be our first choice to substitute for you, will be doing training in the afternoons during that week— though his schedule could be changed. Alternatively, Birwant, who is also a capable and reliable staff member, has enough skills to manage your team during those five days. I'll let you know once everything is fixed.

Regards,

Milena Sulco
Owner
Bean Bell Restaurant Chain

To:	Birwant Dhesi
From:	Milena Sulco
Date:	October 8
Subject:	Re: Substitution

Hi, Birwant,

I appreciate your willingness to help out the restaurant by substituting for Ian while he is attending the cooking course. I know that you have already done this many times before, and your expertise in South Asian cooking will be a great benefit to our team.

The restaurant will compensate you for your extra responsibilities. Please make sure you talk to Hanna at human resources and fill out the paperwork she will prepare for you. I gave her all the necessary information today, so she should have everything ready by October 10.

Thank you for your hard work.

Milena Sulco
Owner
Bean Bell Restaurant Chain

53. What is a purpose of the first e-mail?

(A) To reschedule an appointment
(B) To ask for a paid leave
(C) To make a hiring recommendation
(D) To share an idea on an assignment

1 回目 ○ △ ✕ 2 回目 ○ △ ✕ 3 回目 ○ △ ✕

54. In the first e-mail, the word "broaden" in paragraph 1, line 5, is closest in meaning to

(A) expand
(B) advertise
(C) display
(D) lengthen

1 回目 ○ △ ✕ 2 回目 ○ △ ✕ 3 回目 ○ △ ✕

55. What will most likely happen in November?

(A) A cooking contest will take place.
(B) Bean Bell Restaurant will close temporarily.
(C) Mr. Dhesi will lead a team.
(D) A new staff member will be hired.

1 回目 ○ △ ✕ 2 回目 ○ △ ✕ 3 回目 ○ △ ✕

56. What is indicated about Mr. Dhesi?

(A) He is an award-winning chef.
(B) He has become a restaurant manager.
(C) He has written many cookbooks.
(D) He knows a lot about South Asian cooking.

○ △ ×   ○ △ ×   ○ △ ×
1 回目 ☐☐☐   2 回目 ☐☐☐   3 回目 ☐☐☐

57. What does Ms. Sulco ask Mr. Dhesi to do?

(A) Talk to a colleague
(B) Sign a contract
(C) Review a menu
(D) Work overtime

○ △ ×   ○ △ ×   ○ △ ×
1 回目 ☐☐☐   2 回目 ☐☐☐   3 回目 ☐☐☐

53-57番は次の２通のメールに関するものです。

宛先：	イアン・ワルトマン
送信者：	ミレナ・サルコ
日付：	10月３日
件名：	来月

イアンさん

来月ご出席されるグランドマスター・ベジタリアン向けの料理コースについてご連絡いただきありがとうございます。あなたの新しいスキルは、当店がメニューの種類とお客様の数を増やすための取り組みへの後押しとなりますので、研修への参加を決めてくれて大変嬉しく思います。

あなたが不在の間、代わりにチームを率いる人が必要ということを理解しています。私の知る限り、❶あなたの代理に最もふわさしいロジャーは当週の午後に研修を行っていますが、もしかしたら予定を変更できるかもしれません。あるいは、❷同じく優秀で信頼できるスタッフであるバーワントは、５日間あなたのチームを管理する十分なスキルを持っています。全ての手配が整い次第お知らせいたします。

よろしくお願いします。

ミレナ・サルコ
オーナー
ビーン・ベル・レストラン・チェーン

宛先：	バーワント・デジー
送信者：	ミレナ・サルコ
日付：	10月8日
件名：	Re：代理

バーワントさん

❸イアンさんが料理研修に出席の間、彼の代理としてレストランの手伝いを引き受けてくれて、ありがとうございます。以前何度も代理を行った経験があることは知っていますし、❹南アジア料理についての貴方の専門知識は当チームにとって大変役立つものになると思います。

❺当レストランでは、追加の職務について手当を支給いたします。❻人事部のハンナさんと必ず連絡をとり、彼女が用意する書類に記入してください。本日、彼女には必要な情報を伝えたので、10月10日までに全て準備してくれるはずです。

懸命な仕事ぶりに感謝いたします。

ミレナ・サルコ
オーナー
ビーン・ベル・レストラン・チェーン

an **award-winning** chef

Q53. 正解 (D)　　　　　　　　　　　　　　正答率 ▶▶ **68**%

[3ステップ解説]

STEP1 最初のメールの目的を答える問題。

STEP2 第1段落ではメールの書き手である Sulco さんが Waltman さんに対して、the Grand Master Vegetarian Cooking Course に参加してくれることに感謝の気持ちを伝えている。第2段落は、Waltman さんの代わりにチームリーダーの役割を担う人物について、3行目で Roger, who would be our first choice to substitute for you (和訳❶)、6行目で Birwant, who is also a capable and reliable staff member (和訳❷)、と2人の候補者を挙げて、そのどちらかに仕事を依頼するという考えを共有している。

STEP3 よって、(D) が正解。 **assignment** は「**(割り当てられる) 業務、仕事**」という意味。(A) の **appointment** にも「任命」という意味はあるが、ここでは reschedule の目的語なので、「予約、約束」という意味で使われている。メールの目的は予約のスケジュールを再調整することではないので不正解。

[設問の訳] **53.** 最初のメールの目的の1つは何ですか?
(A) 約束の予定を変更すること
(B) 有給休暇について問い合わせること
(C) 採用の推薦をすること
(D) 仕事の割り当てについての案を共有すること

👆スコアアップ のポイント

substitute for (〔人〕の代理を務める、〔モノ〕の代わりとなる) は、**substitute for a colleague (同僚の代わりを務める)**、**use margarine as a substitute for butter (バターの代用品としてマーガリンを使う)** というフレーズで押さえておきましょう。

Q54. 正解 (A)　　　　　　　　　　　　　　正答率 ▶▶ **86**%

[3ステップ解説]

STEP1 本文で使われている broaden に最も意味が近いものを答える問題。

STEP2 直前の help us in our efforts to は「〜しようとする我々の取り組みを手助けする」という意味。broaden (〜を広げる) の目的語は our menu と **clientele (顧客、常連客)** なので、その規模を拡大する取り組みを手助けするという文意を崩さないよう、選択肢から broaden の同義語を選ぶ。

STEP3 expand であれば、**expand our menu (メニューを増やす)**、**expand our clientele (顧客 〔の数〕を増やす)** と、それぞれ規模

168

の拡大に対して使うことができるので、(A) が正解。(B) の **advertise** は「〜を宣伝（広告）する」、(C) の **display** は「〜を展示する」、(D) の **lengthen** は「〜を長くする」という意味。

設問の訳 **54.** 最初のメールの第1段落5行目の broaden にもっとも意味の近い語は?
(A) 広げる　　　　　　　　　　(B) 宣伝する
(C) 展示する　　　　　　　　　(D) 長くする

Q55.　正解 (C)　　　　　　　正答率 ▶▶ 71%

3ステップ解説

STEP1 11月に起こることを推測して答える問題。

STEP2 最初のメールの Date（日付）が October 3、Subject（件名）が Next month なので、Waltman さんが参加する the Grand Master Vegetarian Cooking Course は11月に開催されることがわかる。これを踏まえて Sulco さんが Birwant Dhesi さんに宛てた2通目のメールの第1段落冒頭文を見ると、I appreciate your willingness to help out the restaurant by substituting for Ian while he is attending the cooking course.（和訳❸）とあるので、最初のメールで候補に挙げていた2人のうち、Dhesi さんの方が Waltman さんの代わりにチームをまとめることになったことがわかる。

STEP3 よって、(C) が正解。the Grand Master Vegetarian Cooking Course は、最初のメールの第1段落3〜4行目の I am very glad that you decided to participate in the training からわかるように、contest（競技会、大会）ではなく training（研修）なので、(A) は不正解。

設問の訳 **55.** 11月におそらく何が起こりますか?
(A) 料理コンテストが行われる。
(B) ビーン・ベル・レストランが一時的に閉店する。
(C) デジーさんがチームを率いる。
(D) 新しいスタッフが採用される。

Q56.　正解 (D)　　　　　　　正答率 ▶▶ 82%

3ステップ解説

STEP1 Dhesi さんについて言えることを答える問題。

STEP2 2通目のメールの第1段落4〜5行目に your expertise in South Asian cooking will be a great benefit to our team（和訳❹）とある。Dhesi さんに南アジア料理の **expertise**（専門知識）があるということは、南アジア料理に精通していると言える。

STEP3 よって、(D) が正解。(A) の **award-winning chef（受賞歴のある シェフ）** であるという記載は本文に見当たらないので不正解。また、レストランの経営者になったという記述や、数多くの料理本を書いてきたという記述も本文にないので、(B) や (C) を選ぶこともできない。

設問の訳 **56.** デジーさんについて何が述べられていますか?
(A) 受賞歴のあるシェフだ。
(B) レストランのマネージャーになった。
(C) 多くの料理本を執筆した。
(D) 南アジア料理についての知識が豊富だ。

Q57. 正解 (A)　　　　　　　　　　　　正答率 ▶▶ **49**%

3ステップ解説

STEP1 Sulco さんが Dhesi さんに依頼していることを答える問題。

STEP2 2通目のメールの第2段落冒頭文で The restaurant will compensate you for your extra responsibilities.（和訳❺）と、Dhesi さんが追加で負う責任に対して補償する旨を伝えたあと、Please make sure you talk to Hanna at human resources（和訳❻）と、人事部の Hanna さんと会話するよう依頼している。

STEP3 よって、Hanna を **a colleague（同僚）** と言い換えている (A) が正解。

設問の訳 **57.** サルコさんはデジーさんに何をするようお願いしていますか?
(A) 同僚に話しかける　　　　　　　(B) 契約書にサインをする
(C) メニューを見直す　　　　　　　(D) 残業をする

ビジネスメールで使える表現

I'll let you know once everything is fixed.
（全ての手配が整いましたらお知らせいたします。）

Please make sure you submit the report by Friday.
（確実に金曜日までにレポートを提出してください。）

Good work!

book a flight in **advance**

★ □ itinerary	アイティネラリィ [aitínəreri]	名 C 旅程表
□ distracting	ディストラクティング [distrǽktiŋ]	形 注意をそらさせる
★ □ waive	ウェイヴ [wéiv]	動 他 (権利など) を放棄する、(料金など) を免除する
□ appreciation	アプリーシエイシャン [əpriːʃiéiʃən]	名 UC 感謝
□ patience	ペイシェンス [péiʃəns]	名 UC 忍耐、辛抱強さ
□ matter	マター [mǽtər]	名 C ①件、事柄　②問題
★ □ duration	デュレイシャン [djuréiʃən]	名 UC (継続) 期間
★ □ quote	クウォウト [kwóut]	動 他 ～を見積もる　同 estimate
★ □ accommodate	アカマデイト [əkámədeit]	動 他 (要求など) を受け入れる、(要望など) に応える
★ □ expire	イクスパイア [ikspáiər]	動 自 有効期限が切れる
□ as per		～のとおり、～のように
□ over the phone		電話で
★ □ upon completion of ～		～が完了次第
★ □ no later than ～		遅くとも～までに
□ by post		郵送で　同 by mail
★ □ handling fee		手数料　同 administration fee
□ as a sign of ～		～のしるしとして　同 as a token of ～
□ loyal customer		得意客　類 regular customer
□ frequent flyer		頻繁に飛行機を利用する人
★ □ extend an invitation		招待する

意識すべきポイントをチェック!!

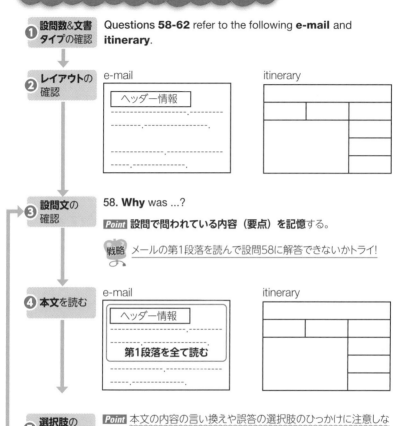

❶ 設問数&文書タイプの確認
Questions **58-62** refer to the following **e-mail** and **itinerary**.

❷ レイアウトの確認
e-mail
ヘッダー情報
itinerary

❸ 設問文の確認
58. **Why** was ...?

Point 設問で問われている内容（要点）を記憶する。

戦略　メールの第1段落を読んで設問58に解答できないかトライ!

❹ 本文を読む
e-mail
ヘッダー情報
第1段落を全て読む
itinerary

❺ 選択肢の確認
Point 本文の内容の言い換えや誤答の選択肢のひっかけに注意しながら**設問58の選択肢をチェックして正解を判断する**。解けなければ第2段落を読んで再度トライする。

❻ 解答する
解答欄にマークする。

※設問59～62についても、同様に❸～❻を繰り返す（❹で読む箇所〔文書〕は必要に応じて先に進める）
※**2つの文書の情報を紐づけて解答するクロスリファレンス問題に注意**する。

CHAPTER 1
CHAPTER 2
CHAPTER 3

Questions 58-62 refer to the following e-mail and itinerary.

To:	d.stavrou@gomail.com
From:	tomysyacine@skycapairlines.com
Date:	July 24
Subject:	Your reservation

Dear Ms. Stavrou,

As per your request over the phone, I have reserved a flight ticket for you. Departure from Paris is August 10, and return from New York is August 16. You can check the details of your flight schedule on the Skycap Airlines' Web site at www.skycapairlines.com/reservation. Your reservation number is S472857361. Your ticket will become valid upon completion of your payment. We ask that the total amount be paid no later than July 30. You requested me to send a printed version of the itinerary to you by post, but I am sorry to inform you that paper tickets or itineraries are no longer issued by our company.

We're also very sorry that you experienced some distracting noises on the phone. I believe it was due to the unexpected line trouble on our side, so I will ask my supervisor if we can waive our handling fee as a sign of our appreciation for your patience in this matter. I'll let you know once you can proceed to your payment.

Thank you for being a loyal customer.

Sincerely,

Tomys Yacine
Customer Service Department
Skycap Airlines

Reservation number: S472857361 Reserved on: July 24
Paris (CDG) → New York (JFK)
August 10—August 16, 1 round trip ticket.

Traveler information
Ms. Daria Stavrou   Frequent flyer miles: 32,000
Payment: credit card ending in 90872   Paid on: July 28

August 10 – Departure Nonstop
SA 366   Section: Economy   Seat: 34A (window seat)

Paris (CDG)	New York (JFK)	Duration
1:40 P.M.	10:15 P.M.	8:35

August 16 – Return Nonstop
SA 382   Section: First Class   Seat: 22C (aisle seat)

New York (JFK)	Paris (CDG)	Duration
7:55 A.M.	3:35 P.M.	7:40

Price summary

	Traveler: 1 Adult	
	Flight	€435.00
	Taxes	€120.40
	Handling fee	€0.00
	Total	**€555.40**

All prices quoted are in euros.

58. Why was the e-mail sent?

(A) To extend an invitation
(B) To recommend a cheaper flight
(C) To ask for some personal data
(D) To confirm a travel arrangement

1 回目 ○ △ ✕　2 回目 ○ △ ✕　3 回目 ○ △ ✕

59. Why does Mr. Yacine apologize to Ms. Stavrou?

(A) He needs to charge an extra fee.
(B) He cannot accommodate her request.
(C) He had to re-issue a ticket.
(D) He entered some incorrect information.

1 回目 ○ △ ✕　2 回目 ○ △ ✕　3 回目 ○ △ ✕

60. When did the ticket become valid?

(A) On July 24
(B) On July 26
(C) On July 28
(D) On July 30

1 回目 ○ △ ✕　2 回目 ○ △ ✕　3 回目 ○ △ ✕

61. What is indicated about the departure flight?

(A) It leaves New York on August 10.

(B) It is still unconfirmed by the airline.

(C) It will arrive in the afternoon on August 16.

(D) It will take longer than the return flight.

○ △ ✕   ○ △ ✕   ○ △ ✕
1回目 ☐☐☐ 2回目 ☐☐☐ 3回目 ☐☐☐

62. What is suggested in the itinerary?

(A) Mr. Yacine's request has been approved by his supervisor.

(B) Skycap Airlines offers competitive services.

(C) The flight ticket expires at the end of August.

(D) Ms. Stavrou prefers window seats to aisle seats.

○ △ ✕   ○ △ ✕   ○ △ ✕
1回目 ☐☐☐ 2回目 ☐☐☐ 3回目 ☐☐☐

58-62番は次のメールと旅程表に関するものです。

宛先：	d.stavrou@gomail.com
送信者：	tomysyacine@skycapairlines.com
日付：	7月24日
件名：	ご予約

スタブロ様

お電話でのご要望通り、お客様の航空券をご予約しました。❶8月
10日にパリを出発し、ニューヨークからのお戻りは8月16日で
す。フライトスケジュールの詳細につきましては弊社ウェブサイト
（www.skycapairlines.com/reservation）をご確認ください。お客
様のご予約番号はS472857361です。❸お客様の航空券は、お支払
いが完了次第、有効になります。遅くとも7月30日までに全額をお
支払いいただきますようお願い申し上げます。郵送で印刷した旅程
表を送ってほしいとのご要望についてですが、❷申し訳ございませ
んが弊社では航空券や旅程表を紙ではもう発行しておりません。

また、お電話の際に不快な音がしたとおっしゃっていた件について
もお詫びいたします。こちらの原因は弊社の予期せぬ回線問題だっ
たと思われますため、❹この件についてご辛抱いただいた感謝のし
るしとして弊社の仲介手数料を無料にできるか上司に確認いたしま
す。❺お支払いいただける段階になりましたらご連絡いたします。

弊社をご愛顧いただき誠にありがとうございます。

トミーズ・ヤシーヌ
顧客サービス部
スカイキャップ航空

予約番号：S472857361		ご予約日：7月24日
パリ（CDG） → ニューヨーク（JFK）		
8月10日−8月16日　往復航空券		

お客様情報

ダリア・スタブロ様　　取得マイル数：32,000

支払方法：末尾90872のクレジットカード　　　　　お支払日：7月28日

8月10日 − 往路　直行便

SA366　　クラス：エコノミー　　座席：34A（窓側）

パリ（CDG）	ニューヨーク（JFK）	飛行時間
午後1時40分	午後10時15分	8時間35分

8月16日 − 復路　直行便

SA382　　クラス：ファーストクラス　　座席：22C（通路側）

ニューヨーク（JFK）	パリ（CDG）	飛行時間
午前7時55分	午後3時35分	7時間40分

見積料金

	ご利用者：大人1名	
	航空券	435.00ユーロ
	税	120.40ユーロ
	仲介手数料	0.00ユーロ
	合計	**555.40ユーロ**

お見積金額の単位はすべてユーロです。

Q58. 正解 (D) 　　　　　　　　　　　　　　正答率 ▶▶ **96**%

3ステップ解説

STEP1 メールが送られた理由を答える問題。

STEP2 メールの件名に Your reservation とあり、**As per your request （あなたの要望に基づき）** から始まる第1段落冒頭文で、I have reserved a flight ticket for you と、航空券の予約が取れた旨を伝えている。また、続く第2文 Departure from Paris is August 10, and return from New York is August 16. (和訳❶) で具体的なフライトスケジュールを伝え、その後予約が確認できるウェブサイトのURLと予約番号を教えている。

STEP3 よって、それを **confirm a travel arrangement （旅行の手配について確認する）** というフレーズで言い表している (D) が正解。何かのイベントに **extend an invitation （招待する）** ことがメールの目的ではないので、(A) は不正解。

👆スコアアップ🎯のポイント

confirm は①「〜を確認する」という意味と、②「〜を知らせる」という意味でTOEICに頻出します。①は **confirm a reservation （予約を確認する）**、②は **confirm receipt of the letter （手紙を受け取ったことを知らせる）** というフレーズで押さえておきましょう。

設問の訳 **58.** このメールはなぜ送られましたか？
(A) 招待するため
(B) より安い航空券を薦めるため
(C) 個人情報について問い合わせるため
(D) 旅行の手配について確認するため

Q59. 正解 (B) 　　　　　　　　　　　　　　正答率 ▶▶ **68**%

3ステップ解説

STEP1 Yacine さんが Stavrou さんに謝っている理由を答える問題。

STEP2 第1段落最終文で、印刷した itinerary （旅程表）を by post （郵送で）送れないかリクエストしていた件について、Yacine さんが Stavrou さん に I am sorry to inform you that paper tickets or itineraries are no longer issued by our company (和訳❷) と、航空券や旅程表の紙での発行は既に行っていない旨を伝えて謝っている。

STEP3 よって、それを **accommodate her request （彼女の要望に応える）** ことができないと言い表している (B) が正解。第2段落冒頭文でも **distracting noises （気が散る騒音）** の件について謝罪しているが、これに該当するものは選択肢にない。

設問の訳 **59.** ヤシーヌさんはなぜスタブロさんに謝っていますか？
(A) 追加料金を請求する必要がある。
(B) 彼女の要望を満たすことができない。
(C) チケットを再発行しなければならなかった。
(D) 情報を誤って入力した。

Q60. 正解 (C) 正答率 ▸▸ **73**%

3ステップ解説

STEP1 チケットが有効になった日付を答える問題。

STEP2 チケットが有効になるタイミングについては、第1段落6〜7行目に Your ticket will become valid upon completion of your payment.（和訳❸）とある。**upon completion of your payment（支払いが完了次第）**というフレーズの意味を踏まえると、チケットは支払いと同時に有効になることがわかる。一方、旅程表の Traveler information 欄に Payment：credit card ending in 90872 というクレジットカードでの支払い情報とともに Paid on：July 28（7月28日に支払い済）とある。

STEP3 よって、チケットは7月28日に有効になったことがわかるので、(C) が正解。

設問の訳 **60.** チケットはいつ有効になりましたか？
(A) 7月24日　　　　　(B) 7月26日
(C) 7月28日　　　　　(D) 7月30日

✍ スコアアップのポイント

前置詞 upon（〜次第）はTOEICに頻出します。**upon receipt of a document（文書を受け取り次第）**、**upon arrival of inspectors（検査官が到着次第）**、**upon delivery of products（製品を配達次第）**といったフレーズで押さえておきましょう。

Q61. 正解 (D) 正答率 ▸▸ **64**%

3ステップ解説

STEP1 出国便について言えることを答える問題。

STEP2 旅程表を見ると、パリーニューヨーク間のフライトの **duration（継続時間）**すなわち飛行時間は、出国便（往路）が8時間35分、帰国便（復路）が7時間40分と記載されている。

STEP3 よって、出国便の方が帰国便よりも飛行時間が長いことがわかるので、(D) が正解。ニューヨークを発つのは8月10日ではなくて8月16日の帰国便の方なので、(A) は不正解。また、既にチケットの支払いが済んで

いるフライトは航空会社によって確認済であると考えられるので、(B) を選ぶこともできない。出国便の到着は8月16日ではなく8月10日の午後10時15分なので、(C) も不正解。

［設問の訳］ **61.** 出国便について何が示されていますか?
(A) 8月10日にニューヨークを発つ。
(B) 航空会社によってまだ確認されていない。
(C) 8月16日午後に到着する。
(D) 帰国便よりも時間がかかる。

Q62. 正解 (A) 正答率 ▶▶ **66%**

［3ステップ解説］

STEP1 旅程表について推測できることを答える問題。

STEP2 Yacine さんはメールの第2段落の冒頭で、通話中に生じた騒音は航空会社側の回線トラブルだったことを伝えたうえで、I will ask my supervisor if we can waive our handling fee as a sign of our appreciation for your patience in this matter. (和訳❹) と、**handling fee (取扱手数料)** の免除について触れている。ただし、上司の承認が得られなければ免除は確定しないため、同段落最終文で I'll let you know once you can proceed to your payment (和訳❺) と添えて、支払いのタイミングについては追って連絡するとしている。一方、旅程表の Price summary 欄を見ると、Handling fee が €0.00 となっており、かつ支払いが完了していることから、Yacine さんによる手数料免除のリクエストは上司によって承認されたと考えられる。

STEP3 よって、(A) が正解。Skycap Airlines が **competitive services (価格競争力のあるサービス)** を提供しているかどうかは不明なので、(B) は不正解。また、航空券の有効期限については特に記載がないので (C) を選ぶこともできない。さらに、Stavrou さんが **aisle seats (通路側の座席)** よりも窓側の座席の方が好きかどうかについては本文に記載がなく判断できないので、(D) も不正解。

［設問の訳］ **62.** 旅程表の中で何が示唆されていますか?
(A) ヤシーヌさんの要望について上司の許可がおりた。
(B) スカイキャップ航空は格安なサービスを提供している。
(C) 航空券は8月末に無効になる。
(D) スタブロさんは通路側よりも窓側の座席が好きである。

スコアアップ♪のポイント

waive[wéiv]（〔権利など〕を放棄する、〔料金など〕を免除する）は少し難しい動詞ですが、TOEICに頻出します。**waive a handling fee**（**手数料を免除する**）、**waive a shipping fee**（**送料を免除する**）というフレーズで押さえておきましょう。

CHAPTER 1

CHAPTER 2

CHAPTER 3

ビジネスメールで使える表現

We will send a discount coupon as a sign of our appreciation.
（感謝のしるしとして割引クーポンを送らせていただきます。）

キーワードをチェック!!

📥 40

☐ charger	チャージャー [tʃáːrdʒər]	名 C	充電器
☐ headset	ヘッドセット [hédset]	名 C	ヘッドホン
☐ quantity	クワンテティ [kwántəti]	名 C UC	量
☐ subtotal	サブトウトル [sábtoutl]	名 C	小計
☐ missing	ミスィング [mísiŋ]	形	見当たらない、行方不明の
☐ disappoint	ディサポイント [disəpóint]	動 他	～を失望させる
★ ☐ malfunction	マルファンクシャン [mælfáŋkʃən]	名 C UC	不具合
★ ☐ supplies	サプライズ [səpláiz]	名 複	必需品、用品
★ ☐ affect	アフェクト [əfékt]	動 他	～に影響を与える
☐ workstation	ワークステイシャン [wɔ́ːrkstéiʃən]	名 C	①（システムの一部としての）コンピューター ②作業用のデスク
★ ☐ properly	プラパリィ [prápərli]	副	適切に、きちんと
★ ☐ per unit			1セットあたり
★ ☐ competitive price			競争力のある価格、他社よりも安い価格
☐ regret to ～			残念ながら～する
★ ☐ count on ～			～をあてにする、頼りにする 同 depend on ～
★ ☐ extend one's apologies			お詫びをする
☐ at no charge			無料で 同 free of charge
☐ please let me know			お知らせください、ご連絡ください
★ ☐ place an order			注文する

意識すべきポイントをチェック!!

❶ 設問数&文書タイプの確認

Questions **63-67** refer to the following **invoice** and **e-mails**.

❷ レイアウトの確認

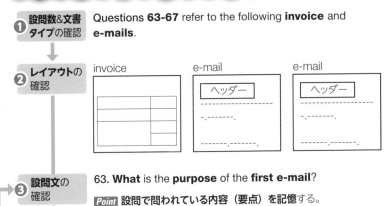

❸ 設問文の確認

63. **What** is the **purpose** of the **first e-mail**?

Point 設問で問われている内容（要点）を記憶する。

戦略　請求書にさらっと目を通したうえで、最初のメールの第1段落を読んで設問63に解答できないかトライ!

❹ 本文を読む

❺ 選択肢の確認

Point 本文の内容の言い換えや誤答の選択肢のひっかけに注意しながら**設問63の選択肢をチェックして正解を判断する**。解けなければ第2段落を読んで再度トライする。

❻ 解答する

解答欄にマークする。

※設問64〜67についても、同様に❸〜❻を繰り返す（❹で読む箇所〔文書〕は必要に応じて先に進める）

※**複数の文書の情報を紐づけて解答するクロスリファレンス問題に注意**する

CHAPTER 1

CHAPTER 2

CHAPTER 3

feature low-cost products

目標タイム 6 分

Questions 63-67 refer to the following invoice and e-mails.

41

Ziseman Tech
84 Stanton Blvd, Abbotsford, BC V2S 0B1
604-333-4795 • www.zisemantech.com

Open:
Monday-Saturday 10:00 A.M. - 8:00 P.M.
Sunday   11:00 A.M. - 5:00 P.M.

Contact:
Myles Cowan
myles.cowan@zisemantech.com

Ordered by: Lachlan General Electronics
Order date: May 5

Code	Item name	Quantity	Price per unit	Amount
D82	Adapter and USB cable	12	$5.70	$68.40
L34	Charger (US plug)	18	$7.50	$135.00
A99	Wireless headset (Grey)	4	$44.00	$176.00
Z17	Soft leather case (Blue)	4	$6.50	$26.00
Subtotal				$405.40
Tax				$52.78
Shipping				$25.00
Total				$483.18

To:	Myles Cowan <myles.cowan@zisemantech.com>
From:	Savannah Hawley <savannahhawley@lachlangenelec.com>
Subject:	My order
Date:	May 10

Dear Mr. Cowan,

We received our order from you yesterday. We chose your firm for the first time because we were impressed by your product quality and because you had very competitive prices. I regret to tell you, however, that in the shipment from you only 10 of item L34 arrived and the phone cases in the box are red and not the color we asked for. We are going to keep them since they will probably sell, but we still need the 8 missing items.

Can you take care of this issue for me as soon as possible? My customers are counting on these products and I cannot disappoint them.

Sincerely,

Savannah Hawley

To:	Savannah Hawley <savannahhawley@lachlangenelec.com>
From:	Myles Cowan <myles.cowan@zisemantech.com>
Subject:	Re: My order
Date:	May 10

Dear Ms. Hawley,

I want to extend our sincerest apologies to you and your company about your recent order. Your trust in us is greatly appreciated and we will do our best for you going forward. We have had a little trouble with our new delivery system software, but this malfunction is temporary and we will be able to solve this problem in the very near future.

To compensate you for your difficulty, we will send the missing items at no charge. Please let me know if there is anything else that we can do for you.

Yours sincerely,

Myles Cowan

63. What is the purpose of the first e-mail?

(A) To reply to a complaint
(B) To explain an issue
(C) To notify of a delay
(D) To cancel a request

1 ⊙⊟ ○△✕ 2 ⊙⊟ ○△✕ 3 ⊙⊟ ○△✕

64. What is suggested about Ms. Hawley?

(A) She placed an order on May 9.
(B) She bought products from Ziseman Tech before.
(C) She sells electronic supplies to customers.
(D) She will cancel all her orders.

1 ⊙⊟ ○△✕ 2 ⊙⊟ ○△✕ 3 ⊙⊟ ○△✕

65. In the second e-mail, the word "extend" in paragraph 1, line 1, is closest in meaning to

(A) offer
(B) continue
(C) affect
(D) stretch

1 ⊙⊟ ○△✕ 2 ⊙⊟ ○△✕ 3 ⊙⊟ ○△✕

66. What does Mr. Cowan indicate about the problem?

(A) A factory needs more workers.
(B) A production line needs improvement.
(C) A computer workstation has shut down.
(D) A program is not working properly.

○ △ ✕　　○ △ ✕　　○ △ ✕
1 回目 □□□　2 回目 □□□　3 回目 □□□

67. What items will be sent free of charge?

(A) Cables
(B) Chargers
(C) Headsets
(D) Leather cases

○ △ ✕　　○ △ ✕　　○ △ ✕
1 回目 □□□　2 回目 □□□　3 回目 □□□

CHAPTER 1

CHAPTER 2

CHAPTER 3

63-67番は次の請求書と2通のメールに関するものです。

ザイズマン・テック社

スタントン大通り84番地　ブリティッシュコロンビア、アボッツフォード V2S 0B1
604-333-4795・www.zisemantech.com

営業日：
月曜日−土曜日 午前10時−午後8時
日曜日　　　　午前11時−午後5時

問い合わせ：
マイルズ・コーワン
myles.cowan@zisemantech.com

ご注文者：　ラクラン・ジェネラル・エレクトロニクス社
ご注文日：　5月5日

コード	商品名	数量	単価	金額
D82	アダプターとUSBケーブル	12	5ドル70セント	68ドル40セント
L34	充電器（米国用プラグ）	18	7ドル50セント	135ドル
A99	ワイヤレスヘッドホン（グレー）	4	44ドル	176ドル
Z17	革製ケース（青）	4	6ドル50セント	26ドル
小計				405ドル40セント
税				52ドル78セント
配送料				25ドル
合計				483ドル18セント

宛先：	マイルズ・コーワン <myles.cowan@zisemantech.com>
送信者：	サバンナ・ホーレー <savannahhawley@lachlangenelec.com>
日付：	注文品
件名：	5月10日

コーワン様

昨日注文品を受け取りました。今回貴店を初めて利用させていただいたのですが、その理由は商品の品質に感銘を受けたということと、他と比べて価格が安かったからです。しかし、残念ながら ❶L34は10点しか届かず、箱に入っていた電話ケースは赤で、注文した色ではありませんでした。❸こちらは売れると思うのでこのまま引き取りますが、❻依然として不足している8点は必要です。

❷この問題について可能な限り早くご対応いただけますか。❹当店のお客様はこれらの商品に期待を寄せているのでがっかりさせることはできません。

よろしくお願いいたします。
サバンナ・ホーレー

宛先：	サバンナ・ホーレー <savannahhawley@lachlangenelec.com>
送信者：	マイルズ・コーワン <myles.cowan@zisemantech.com>
日付：	Re：注文品
件名：	5月10日

ホーレー様

最近のご注文品につきましてホーレー様と御社に深くお詫び申し上げます。弊社に信頼を寄せていただきましたことに深く感謝し、生じた問題に最善を尽くす所存です。❺弊社の配達システムソフトにわずかな問題が生じましたが、この不具合は一時的なもので、間もなくこの問題は解決される予定です。

❼ご迷惑をおかけした埋め合わせとしまして、不足分の商品につきましては無料で配送いたします。その他に何かできることがありましたらお知らせください。

何卒よろしくお願い申し上げます。

マイルズ・コーワン

a product brochure

Q63. 正解 (B)　　　　　　　　　　　　　　　　　　　正答率 ▶▶ **82**%

3ステップ解説

STEP1 最初のメールの目的を答える問題。

STEP2 最初のメールの第1段落冒頭文で、Hawley さんは昨日注文品を受け取ったと伝えたあと、3〜5行目の in the shipment from you only 10 of item L34 arrived and the phone cases in the box are red and not the color we asked for. (和訳❶) で、商品の個数や色が注文したものとは異なっている旨を伝えている。また、第2段落冒頭文で、Can you take care of this issue for me as soon as possible? (和訳❷) と、この問題に対処するよう依頼している。

STEP3 よって、最初のメールは注文に関する issue (**問題点**) を伝えるために書かれたことがわかるので、(B) が正解。

設問の訳 **63.** 最初のメールの目的は何ですか？
(A) 苦情に返答すること　　　　　　　(B) 問題点を説明すること
(C) 遅れを知らせること　　　　　　　(D) 要望をキャンセルすること

Q64. 正解 (C)　　　　　　　　　　　　　　　　　　　正答率 ▶▶ **74**%

3ステップ解説

STEP1 Hawley さんについて推測できることを答える問題。

STEP2 最初のメールの第1段落5〜6行目にある We are going to keep them since they will probably sell (和訳❸) や、第2段落第2文 My customers are counting on these products and I cannot disappoint them. (和訳❹) から、Hawley さんは小売店を営んでいると推測できる。また、商品コードや個数の計算が請求書記載の内容と一致すること、および Hawley さんのメールアドレスの @ 以降 lachlangenelec.com と 請 求 書 記 載 の Ordered by: Lachlan General Electronics が合致することから、Hawley さんは Lachlan General Electronics 社で顧客に electronics (電子機器) や請求書にリストされているような関連製品を販売していると考えられる。

STEP3 よって、(C) が正解。**electronic supplies** は「**電化製品**」という意味。Hawley さんが商品を注文したのは請求書から5月5日だとわかるので、(A) は不正解。また、最初のメールの第1段落第2文 We chose your firm for the first time から、Hawley さんは Ziseman Tech 社から初めて商品を購入したことがわかるので、(B) も不正解。さらに、メールで注文に関する問題点は伝えているものの、すべての注文をキャンセルするとは書かれていないので、(D) を選ぶこともできない。

設問の訳 **64.** ホーレーさんについて何が示唆されていますか?

    (A) 5月9日に注文した。

    (B) 以前ザイズマン・テック社で商品を購入したことがある。

    (C) 顧客に電化製品を販売している。

    (D) 注文品をすべてキャンセルする。

スコアアップ♪のポイント

メールアドレスの @（アットマーク）より後ろの部分（例：lachlangenelec.com）をドメイン名といいます。これはインターネット上の住所のようなもので、ここに会社名が含まれている場合は、メール送信者の勤務先と考えることができます。ドメイン名が設問を解く手掛かりになることもあるので、メールの署名に勤務先が記載されていない場合は、ドメイン名を確認するようにしましょう。

Q65.　正解 (A)　　　　　　　　　　　　正答率 ▶▶ **72**%

3ステップ解説

STEP1 本文で使われている extend に最も意味が近いものを答える問題。

STEP2 extend には①「～を（物理的に）伸ばす」、②「(期間や期日)を延長する」、③「(気持ち)を伝える」といった意味があるが、ここでは our sincerest apologies（心からのお詫び）が目的語なので、③の意味で使われていると考えられる。

STEP3 よって、同じ意味を表す (A) の offer が正解。(B) の continue は「続く、～を続ける」、(C) の **affect** は「**～に影響を与える**」、(D) の **stretch** は「**伸びる、～を伸ばす**」という意味。

設問の訳 **65.** 2通目のメールの第1段落1行目の extend に最も意味の近い語は?

    (A) 伝える　　　　　　　　　　　(B) 続ける

    (C) 影響を与える　　　　　　　　(D) 伸ばす

スコアアップ♪のポイント

extend はスコアアップに直結するTOEIC頻出単語です。**extend one's arm（腕を伸ばす）**、**extend a due date（期日を延ばす）**、**extend one's gratitude（感謝の気持ちを伝える）**というフレーズを押さえておきましょう。

Q66. 正解 (D)   正答率 ▶▶ **88**%

3ステップ解説

STEP1 Cowan さんが問題について述べていることを答える問題。

STEP2 2通目のメールの第1段落3〜5行目で We have had a little trouble with our new delivery system software, but this malfunction is temporary and we will be able to solve this problem in the very near future. (和訳❺) と、Cowan さんはソフトウェアに問題があったことを Hawley さんに伝えている。

STEP3 よって、our new delivery system software を a program と言い換えて、そのことを言い表している (D) が正解。ソフトウェアに問題があったことは伝えているが、コンピューターが **shut down** （**稼働停止した**）とは書かれていないので、(C) は不正解。

設問の訳 66. コーワンさんは問題について何を述べていますか？
(A) 工場にはもっと従業員が必要だ。
(B) 製品ラインを改善する必要がある。
(C) コンピューターワークステーションが稼働停止した。
(D) プログラムがきちんと稼働していない。

Q67. 正解 (B)   正答率 ▶▶ **78**%

3ステップ解説

STEP1 無料で配送される商品を答える問題。

STEP2 最初のメールの第1段落3行目以降で、Hawley さんはL34の商品が10個しか届いていないと伝えたうえで、同段落最終文で we still need the 8 missing items (和訳❻) と、残り8個の商品の必要性を訴えている。それを受けて、Cowan さんは2通目のメールの第2段落冒頭文で To compensate you for your difficulty, we will send the missing items at no charge. (和訳❼) と、**missing items** （**不足している商品**）を **at no charge** （**無料で**）配送すると回答している。

STEP3 請求書を見ると、コードがL34の商品は **charger** （**充電器**）だとわかるので、(B) が正解。

設問の訳 67. どの商品が無料で配送されますか？
(A) ケーブル (B) 充電器
(C) ヘッドホン (D) 革製ケース

ビジネスメールで使える表現

Can you take care of this issue?
（この問題に対応してもらえますか。）

I want to extend our sincerest apologies to you.
（あなたに深くお詫び申し上げます。）

Please let me know if there is anything else that we can do for you.
（他に何かできることがありましたらお知らせください。）

キーワードをチェック!!

⬇️42

★ □ regulation	レギュレイシャン [regjuléiʃən]	名 C 規則、法令 注 通例 regulations
★ □ identify	アイデンティファイ [aidéntəfai]	動 他 (原因など) を特定する
□ install	インストール [instɔ́ːl]	動 他 (機器など) を設置する、(ソフトウェアなど) を導入する
★ □ in-house	インハウス [ínhaus]	形 社内の
★ □ suspend	サスペンド [səspénd]	動 他 ①~を一時停止する ②~を吊るす
□ projected	プロジェクテッド [prədʒéktəd]	形 予測される
★ □ premises	プレミスィズ [prémisiz]	名 複 (建物を含めた) 土地、(土地を含めた) 建物
★ □ postpone	ポウストポウン [poustpóun]	動 他 ~を延期する 同 push back ~
□ delay	ディレイ [diléi]	動 他 ~を遅らせる 自 遅れる 名 C UC 遅れ、遅延
□ suggest	サジェスト [səgdʒést]	動 他 ①~を提案する ②~を示唆する
□ inconvenience	インコンヴィーニエンス [inkənvíːnjəns]	名 UC 不都合
★ □ cause	コーズ [kɔ́ːz]	動 他 ~を引き起こす、~の原因となる 名 C 原因
★ □ assess	アセス [əsés]	動 他 ~を評価する、査定する
□ designate	デズィグネイト [dézigneit]	動 他 (場所など) を指定する、(人) を指名する
★ □ inform ~ of[about] ...		~ (人) に…を知らせる
□ close off ~		~を閉鎖する
★ □ merge with ~		~と合併する 同 acquire (~を買収する)

意識すべきポイントをチェック!!

① 設問数&文書タイプの確認

Questions **68-72** refer to the following **memo, schedule, and e-mail**.

② レイアウトの確認

③ 設問文の確認

68. **What** is the **purpose** of the **memo**?

Point 設問で問われている内容（要点）を記憶する。

戦略 社内連絡の第1段落を読んで設問68に解答できないかトライ!

④ 本文を読む

⑤ 選択肢の確認

Point 本文の内容の言い換えや誤答の選択肢のひっかけに注意しながら**設問68の選択肢をチェックして正解を判断する**。解けなければ第2段落を読んで再度トライする。

⑥ 解答する

解答欄に**マーク**する。

※設問69〜72についても、同様に**③**〜**⑥**を繰り返す（**④**で読む箇所〔文書〕は必要に応じて先に進める）
※**複数の文書の情報を紐づけて解答するクロスリファレンス問題に注意**する。

目標タイム **6** 分

Questions 68-72 refer to the following memo, schedule, and e-mail.

From: Lorelei Hertzog, COO, Pilson Manufacturing
To: All staff at Pilson Manufacturing
Subject: Update
Date: 6 January

We will be upgrading our safety systems to meet new government regulations. The work will include every department of our firm. We have contracted TGB, a major technical services company, to survey each building and identify where improvement is needed. They will also advise us on what equipment they think we should install and even provide in-house training. We will save money by purchasing their whole assistance package.

Our contact person at TGB will be Henrico Vries, one of the engineers. His team will start work next week. Once the survey is finished, he will send a schedule detailing when the different sections of our firm must suspend operations and be closed off for his teams.

Thank you for your cooperation.

Section 1: Central Building	**Dates to be closed off**
Accounting	August 2-4
Cafeteria	August 5-7
Human Resources	August 8-10
Research and Development	August 11-13

Projected completion date (all sections): September 15

From:	Henrico Vries <h.vries@tgb.com>
To:	Lorelei Hertzog <lhertzog@pilsonmanufacturing.com
Subject:	Temporary closings
Date:	August 3

Dear Ms. Hertzog,

I want to inform you of some changes in the installation process. The equipment we had planned to install on your premises from August 5-7 has not arrived yet. I am sorry to state that we will not be able to get started without that equipment, so we must postpone the closure of the area where we were scheduled to begin on the project. Also, this will delay the projected completion date of the entire installation project by about one month. Please note that a five-year warranty will become active as soon as all the installation work is completed.

While we wait for the equipment, I suggest that we focus on staff training, so please let me know on which days we can do that. I am very sorry about any inconvenience this may cause you.

Best regards,

Henrico Vries

68. What is the purpose of the memo?

(A) To publish the purchase of new machinery
(B) To announce some improvements to safety systems
(C) To ask staff members to read a safety guideline
(D) To provide information on a benefits package

1 ◎ 目 ☐☐☐ 2 ◎ 目 ☐☐☐ 3 ◎ 目 ☐☐☐

69. What is NOT mentioned as part of the contract between Pilson Manufacturing and TGB?

(A) Assessing the premises
(B) Providing consultation
(C) Updating software regularly
(D) Educating employees

1 ◎ 目 ☐☐☐ 2 ◎ 目 ☐☐☐ 3 ◎ 目 ☐☐☐

70. What is suggested about Pilson Manufacturing?

(A) It will merge with TGB in August.
(B) It has four departments in total.
(C) It was founded ten years ago.
(D) It has an in-house dining area.

1 ◎ 目 ☐☐☐ 2 ◎ 目 ☐☐☐ 3 ◎ 目 ☐☐☐

71. When will the warranty most likely become active?

(A) In August
(B) In September
(C) In October
(D) In November

1回目 ○ △ ×   2回目 ○ △ ×   3回目 ○ △ ×

72. According to the e-mail, what does Mr. Vries recommend that Pilson Manufacturing do?

(A) Schedule dates for learning activities
(B) Contact a furniture manufacturer
(C) Designate a place for kitchen equipment
(D) Inform staff about a mechanical failure

1回目 ○ △ ×   2回目 ○ △ ×   3回目 ○ △ ×

CHAPTER 1

CHAPTER 2

CHAPTER 3

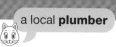

68-72番は次の社内連絡、スケジュール、メールに関するものです。

送信者： ローレライ・ヘルツォグ　ピルソン・マニュファクチャリング
　　　　 業務執行責任者
宛先：　 ピルソン・マニュファクチャリング社員各位
件名：　 アップデート
日付：　 1月6日

❶新しい政府の規則を順守するため、安全システムの性能を高めます。
この作業は全部署を対象とします。❷各ビルを調査してどこを改良する
必要があるか明確にするため、当社は大手の技術サービス会社である
TGB社と契約しました。❸同社は当社がどんな設備を導入すべきか助言
し、社内研修までも提供してくださる予定です。同社の完全サポート
付きパッケージを購入することで経費を節約します。

TGB社の担当者はエンジニアの一人であるヘンリコ・ヴリース氏です。
彼のチームは来週から作業を開始します。❹ひとたび調査が終了したら、
彼は詳細なスケジュールを送付して、彼のチームのためにどのタイミ
ングで各部門が業務を停止し、閉鎖すべきか示してくれる予定です。

ご協力のほど、よろしくお願い申し上げます。

区画１：中央ビル	閉鎖時期
経理部	8月2日−8月4日
食堂	8月5日−8月7日
人事部	8月8日−8月10日
研究開発部	8月11日−8月13日

❻完了予定日（全区画）：9月15日

送信者：	ヘンリコ・ヴリース <h.vries@tgb.com>
宛先：	ローレライ・ヘルツォグ <lhertzog@pilsonmanufacturing.com>
件名：	臨時閉鎖
日付：	8月3日

ヘルツォグ様

導入作業工程の変更についてご連絡申し上げます。8月5日から8月7日の間に、御社に取り付ける予定の機材がまた届いておりません。申し訳ありませんが、こちらの機材なしでは作業を開始することができませんので、この時期にプロジェクトを開始する予定だった場所の閉鎖時期を延期しなければなりません。また、❼この遅れにより、全部門の導入作業の完了予定日が1カ月ほど延びます。❺5年間の保証につきましては、全ての導入作業が完了し次第有効になりますのでその点ご留意ください。

❽機材を待つ間、社員研修に注力することを提案させていただきますので、研修が可能な日にちをお知らせください。ご不便をおかけして誠に申し訳ございません。

何卒よろしくお願いいたします。

ヘンリコ・ヴリース

C H A P T E R 1

C H A P T E R 2

C H A P T E R 3

Q68. 正解 (B) 　　　　　　　　　　　　　　　正答率 ▶▶ **88**%

3ステップ解説

STEP1 社内連絡の目的を答える問題。

STEP2 Pilson Manufacturing 社のCOOである Hertzog さんが、Update という件名で全従業員宛に出しているメモの第1段落冒頭文で We will be upgrading our safety systems to meet new government regulations. （和訳❶）と、**government regulations**（**政府の規則**）に適合させるために安全システムを更新する旨を伝えている。

STEP3 よって、この更新を **improvements**（**改善**）と言い換えて、そのことを言い表している (B) が正解。

設問の訳 **68.** 社内連絡の目的は何ですか?
(A) 新しい機械の購入を発表すること
(B) 安全システムの改良を発表すること
(C) 安全規定を読むように社員にお願いすること
(D) 福利厚生についての情報を提供すること

Q69. 正解 (C) 　　　　　　　　　　　　　　　正答率 ▶▶ **64**%

3ステップ解説

STEP1 Pilson Manufacturing 社とTGB社の契約の一部として述べられていないことを答える問題。

STEP2 NOT問題なので、選択肢と本文の内容を照らし合わせて、本文の内容と合わない選択肢を1つ選ぶ。(A) の **premises**（**施設**）の評価については、メモの第1段落2〜4行目にある1文 We have contracted TGB, a major technical services company, to survey each building and identify where improvement is needed. （和訳❷）で述べられている。(B) の相談・助言の提供および (D) の社員教育については、同段落4〜6行目の They will also advise us on what equipment they think we should install and even provide in-house training. （和訳❸）でそれぞれ述べられている。

STEP3 定期的なソフトウェアの更新については契約内容として本文に記載がないので、(C) が正解。

設問の訳 **69.** ピルソン・マニュファクチャリング社とTGB社の契約の一部として述べられていないのは何ですか?
(A) 施設を査定する　　　　　　　(B) 助言を行う
(C) 定期的にソフトウェアを更新する　(D) 社員を教育する

✋スコアアップ♪のポイント

NOT問題に取り組んでいる最中に、その設問がNOT問題であることを忘れないようにしてください。設問を読んだ直後はNOT問題であることを認識していても、途中で通常の設問を解いている感覚に戻ってしまって、本文に記載されている内容を言い換えている選択肢を選んでしまうケアレスミスに気を付けましょう。

Q70.　正解 (D)　　　　　　　　　　　　　　正答率 ▶▶ **54**%

3ステップ解説

STEP1 Pilson Manufacturing 社について推測できることを答える問題。

STEP2 スケジュールを確認すると、同社の建物 Central Building に対する作業予定が記載されている。その2行目に Cafeteria (食堂) とあるので、Pilson Manufacturing 社には社員食堂があることがわかる。

STEP3 よって、(D) が正解。**in-house dining area** は「**社内の食事スペース**」という意味。8月に **merge with TGB** (**TGBと合併する**) とは本文に書かれていないので、(A) は不正解。(B) については、まずメモの第2段落最終文に Once the survey is finished, he will send a schedule detailing when the different sections of our firm must suspend operations and be closed off for his teams. (和訳❹) とあるので、安全システムの更新作業はいくつかのセクションに分けて実施されることがわかる。しかし、スケジュールは Section 1 の部門のみが記載されていることから、Pilson Manufacturing 社には他にも部門があると考えられる。よって、(B) は不正解。また、同社が設立された時期については本文に記載がないので、(C) も不正解。

設問の訳　**70.** ピルソン・マニュファクチャリング社について何が示唆されていますか?
(A) 8月にTGBと合併する。　　　　(B) 全部で4つの部署がある。
(C) 10年前に設立された。　　　　(D) 社内食堂がある。

Q71.　正解 (C)　　　　　　　　　　　　　　正答率 ▶▶ **39**%

3ステップ解説

STEP1 保証が有効になるタイミングを推測して答える問題。

STEP2 メールの第1段落最終文に Please note that a five-year warranty will become active as soon as all the installation work is completed. (和訳❺) とあるので、**installation work** (**導入作業**) が完了次第保証は有効になることがわかる。作業の終了予定日については、スケジュールの一番下に Projected completion date (all sections)：September 15 (和訳❻) と記載があるが、メールの第1段落7~8行目を見ると、**equipment** (**機材**) の到着の遅れに関

waive a shipping fee

して this will delay the projected completion date of the entire installation project by about one month (和訳❼) とあるため、設置作業の完了は9月15日から約1か月遅れることがわかる。

STEP3 よって、保証は10月に有効になると考えられるので、(C) が正解。

設問の訳 **71.** 保証はおそらくいつ有効になりますか?

(A) 8月
(B) 9月
(C) 10月
(D) 11月

Q72. 正解 (A) 正答率 ▶▶ **82%**

3ステップ解説

STEP1 Vries さんが Pilson Manufacturing 社に勧めていることを答える問題。

STEP2 メールの第2段落冒頭文に While we wait for the equipment, I suggest that we focus on staff training, so please let me know on which days we can do that. (和訳❽) とあるので、Vries さんは Pilson Manufacturing 社のCOOである Hertzog さんに対して、機材の到着を待つ間研修に取り組むよう提案し、その日程を調整するよう促している。

STEP3 よって、staff training を learning activities と言い換えて、そのことを言い表している (A) が正解。

設問の訳 **72.** メールによると、ヴリースさんはピルソン・マニュファクチャリング社に何をするよう勧めていますか?

(A) 研修の日程を決める
(B) 家具メーカーに連絡する
(C) 台所備品の場所を指定する
(D) 社員に機械不良について知らせる

スコアアップのポイント

TOEICはさまざまな英語力を持った人が受験することを前提に作られているテストです。英語力が高い人は試験時間内に全ての問題を解くことができますが、ほとんどの人は途中で時間切れとなり、最後の問題まで解くことができません。トリプルパッセージに取り組むことなく試験を終える受験者もたくさんいます。さまざまなレベルの人が受験するテストとはそういうものです。大事なことは、無理して最後の問題まで辿り着こうとすることではなく、自分の実力で解けるところまで精一杯解くことです。

ビジネスメールで使える表現

I am very sorry about any inconvenience this may cause you.
(ご不便をおかけすることになり誠に申し訳ございません。)

206

正解一覧

□□□ 1	C	□□□ 25	B	□□□ 49	B
□□□ 2	A	□□□ 26	D	□□□ 50	B
□□□ 3	D	□□□ 27	C	□□□ 51	A
□□□ 4	C	□□□ 28	A	□□□ 52	C
□□□ 5	B	□□□ 29	D	□□□ 53	D
□□□ 6	D	□□□ 30	B	□□□ 54	A
□□□ 7	B	□□□ 31	A	□□□ 55	C
□□□ 8	B	□□□ 32	B	□□□ 56	D
□□□ 9	C	□□□ 33	C	□□□ 57	A
□□□ 10	D	□□□ 34	A	□□□ 58	D
□□□ 11	A	□□□ 35	B	□□□ 59	B
□□□ 12	B	□□□ 36	D	□□□ 60	C
□□□ 13	B	□□□ 37	A	□□□ 61	D
□□□ 14	A	□□□ 38	C	□□□ 62	A
□□□ 15	D	□□□ 39	D	□□□ 63	B
□□□ 16	B	□□□ 40	A	□□□ 64	C
□□□ 17	A	□□□ 41	C	□□□ 65	A
□□□ 18	C	□□□ 42	D	□□□ 66	D
□□□ 19	B	□□□ 43	C	□□□ 67	B
□□□ 20	C	□□□ 44	A	□□□ 68	B
□□□ 21	C	□□□ 45	B	□□□ 69	C
□□□ 22	A	□□□ 46	C	□□□ 70	D
□□□ 23	C	□□□ 47	C	□□□ 71	C
□□□ 24	A	□□□ 48	D	□□□ 72	A

●著者紹介

野村 知也　Nomura Tomoya

TOEIC®指導塾X-GATE（クロスゲート）代表。海外留学経験なしにTOEIC
990点、英検1級を取得。学習者一人ひとりに合ったきめ細やかな指導とサ
ポートが受講生から好評。著書に『頻度順1問1答 TOEIC® L&R テスト リーディ
ング』（アスク出版）、共著書に『TOEIC®テスト新形式精選模試リスニング』、
『TOEIC®テスト新形式精選模試リーディング』（ジャパンタイムズ出版）、『TOEI
C® L&Rテスト 必ず☆でる問題 学習スタートブック』（Jリサーチ出版）がある。
趣味は料理と読書。

本書へのご意見・ご感想は下記URLまでお寄せください。
https://www.jresearch.co.jp/contact/

カバーデザイン	中村 聡（Nakamura Book Design）
本文デザイン／DTP	江口 うり子（アレピエ）
英文作成	CPI Japan
英文和訳	四條 雪菜
校正	文字工房燦光
ナレーション	Neil DeMaere／水月 優希
イラスト	田中斉／ハルナツ/PIXTA（ピクスタ）

TOEIC® L&R TEST 長文読解問題集 TARGET 600

令和2年（2020）9月10日　初版第1刷発行
令和4年（2022）4月10日　　第2刷発行

著　者	野村知也
発行人	福田富与
発行所	有限会社　Jリサーチ出版
	〒166-0002 東京都杉並区高円寺北2-29-14-705
	電話 03(6808)8801(代)　FAX 03(5364)5310
	編集部 03(6808)8806
	URL https://www.jresearch.co.jp
印刷所	㈱シナノ パブリッシング プレス

ISBN978-4-86392-496-3　禁無断転載。なお、乱丁・落丁はお取り替えいたします。